U0575516

RELICS OF PROGNITORS

黄河中上游傩文化

Nuo culture of the upper
and middle reaches of Yellow River

范宏伟 · 著

❀ 甘肃教育出版社

图书在版编目（ＣＩＰ）数据

先民遗风：黄河中上游傩文化 ／ 范宏伟著. -- 兰州：甘肃教育出版社，2013.6(2019.5 重印)

ISBN 978-7-5423-3001-7

Ⅰ．①先… Ⅱ．①范… Ⅲ．①黄河中、上游—傩文化—摄影集 Ⅳ．①K892.24-64

中国版本图书馆 CIP 数据核字(2013)第 118985 号

先民遗风:黄河中上游傩文化

范宏伟　著

责任编辑　牛文斌　何佩佩

封面设计　韩国伟

出　版　甘肃教育出版社

社　址　兰州市读者大道 568 号　730030

网　址　www.gseph.cn　　E-mail　gseph@duzhe.cn

电　话　0931-8773145（编辑部）　0931-8435009（发行部）

传　真　0931-8773056

淘宝官方旗舰店　http://shop111038270.taobao.com

发　行　甘肃教育出版社　印　刷　保定市正大印刷有限公司

开　本　787 毫米 × 1092 毫米　1/16　印　张 18　字　数 200 千

版　次　2014 年 2 月第 1 版

印　次　2019 年 5 月第 3 次印刷

印　数　8 001～18 000

书　号　ISBN 978-7-5423-3001-7　定　价　78.00 元

图书若有破损、缺页可随时与印厂联系：0312-2209515

本书所有内容经作者同意授权，并许可使用

未经同意，不得以任何形式复制转载

《论语·乡党》载："乡人傩，朝服而立于阼阶。"

傩，是上古图腾崇拜时期先民一种巫的仪式，傩仪的目的是祈求神灵逐鬼驱疫，保佑人们生活安康。

范宏伟

兰州职业技术学院副院长 副教授
中华全国青年联合会委员
中国摄影家协会会员
甘肃省青年联合会副主席
甘肃省摄影家协会理事
甘肃省青年摄影家协会主席

举办 ————————————————————

2004 年《成都大聚焦》青年摄影家协会主席十人展　四川
2005 年《一册山河》个人摄影展　日本
2009 年《傩》平遥国际摄影艺术展　山西
2009 年《航拍兰州》大型摄影展　甘肃
2010 年《先民遗风》专题摄影展　台湾
2010 年《先民遗风》上海第十届国际摄影艺术展　上海
2010 年《先民遗风》北京国际摄影季　北京
2012 年《先民遗风》三江源国际摄影展　青海

荣获 ————————————————————

1997 年 "甘肃省（第二届）青年摄影十佳"
2005 年 第七届 "甘肃省十大杰出青年"
2006 年 甘肃省第五届敦煌文艺奖
2012 年 甘肃省第七届敦煌文艺奖

出版 ————————————————————

《最后的胡杨部落》/《一册山河》/《山河判断》
《镜像地理》/《流沙追梦—罗布泊》等摄影专集。

RELICS OF PROGNITORS
黄河中上游傩文化
Nuo culture of the upper
and middle reaches of Yellow River

序 | Foreword

　　我第一次看到范宏伟教授研究、跟踪黄河上游傩文化遗存和发展状况的部分影像，是在 2010 年的第十届上海国际摄影艺术展上。他的"另类"作品，被组委会展示在非常显眼的位置，受到了许许多多研究傩文化的专家和摄影人的追捧。这次看到的又不一样了，是他积十余年之功完成的专著 ——《先民遗风——黄河中上游傩文化》。有幸先睹书稿，我深感震撼。数百幅精美影像作品加上简洁平实的文字介绍，展现出的是一个具有西部特色的"傩"，是奉献给广大读者的一份大礼。

　　"傩文化"是中国传统文化中多元宗教（包括原始自然崇拜和宗教）、多种民俗和多种艺术相融合的文化形态，包括傩仪、傩俗、傩歌、傩舞、傩戏、傩艺等项目。其表层目的是驱鬼逐疫、除灾呈祥，而深层内涵则是通过各种仪式活动达到阴阳调和、风调雨顺、人寿年丰、国富民强和天下太平。目前，傩文化仍活跃或残存于汉族和多个少数民族居住的广大地域，涉及 20 多个省、自治区。

　　傩文化是人类最古老的文化之一，影响深远。据《山海经》记载，夏朝帝泄十二年，在华北发生了一起令人震惊的事件：商族首领亥，赶着牛群去有易国（当今河北易水流域），有淫秽不轨之事，被有易国王绵臣杀死。亥的儿子微，"假师千河伯，以伐有易"，最后消灭了有易国，杀了绵臣。微，又叫上甲微或上甲，是商族历史上一位重要的领袖，约生活在公元前 19 世纪初叶。微替父报仇灭了有易国之后，为祭祀亡父，创建了禓五祀之礼，傩就是其中最重要的内容。

　　禓有三重意义：一为鬼，指非正常死亡之鬼，称为"强死鬼"；二为礼，禓礼；三为行祭，动词。《说文解字》示部说："禓，道上祭。"要将亥的尸体从有易国运回，当然也有一个"道上祭"的过程。而微创建的是"裼五祀",不是一般的"道上祭"。在当时,裼五祀是一个完整的仪典,有傩礼的内容,但比傩礼更丰富。商裼,就是商傩,饶宗颐先生说:"按易即裼,与傩字同。"东汉学者郑玄注《礼记·郊特牲·乡人裼》说:"裼,或为献,或为傩。"这样说来,实际上它是一礼三用:第一,傩,驱赶一般的鬼疫,是定期的;第二,裼,不定期,因系驱赶强死鬼,所以要比傩礼更激烈,更复杂,需要将门、窗、井、灶和屋檐(或堂屋)等处都搜索驱赶干净;第三,献,上甲微祭祀亡父亥,必有献。

上甲微创裼五祀,确为祭祀亡父,其深层意图更是借此树立威权,增强国力,以征服邻国。这一事件是商族历史上的一大转折,从此商族不断壮大,并最终夺取了夏王政权。由此可见,裼礼或傩礼在远古社会的影响力是多么巨大。

要了解傩文化,也需要知道五礼的常识。中国古代的礼分为吉、凶、军、宾、嘉五类,称为五礼。简单地说:一吉礼,是对天神地祇和宗庙(祖先)的祭祀之礼,封禅就是历代最大的吉礼。二凶礼,是指伤亡灾变之礼,包括水旱、饥馑、兵败、寇乱等礼,以丧礼最为重要。三军礼,主要是指军武之礼,有亲征、遣将、受降、凯旋、大射等礼,傩礼多数朝代都归于军礼。四宾礼,是指君臣、父子等人与人之间关系和中央与地方、中国与外国之间关系的仪典。五嘉礼,则是指登基、册封、婚冠、宴乐、颁诏等"喜庆"之礼。秦汉以来两千多年的古代历史,可以说也是五礼的历史,是统治者用精神力量和行为准则驾驭社会运行的历史。

范宏伟教授的《先民遗风——黄河中上游傩文化》,是对黄河上游多种形态的傩文化的全景式展现,展示了留存下来的"裼五祀"的基本形态。题材反映的是中国傩文化的一个独特分支:青海同仁的跳"於菟"(古代楚人称虎)、"六月会"、甘肃永靖的"傩戏"、甘肃陇南的"池歌昼"、甘肃定西的"羌蕃鼓舞"和"拉扎节",都应当是古代傩礼的延续和发展。其中以在甘肃保存的最古老的傩面(具)、傩舞最具特色。这些傩文化形态的共同特点,是在驱邪的同时,由法师做法带走"邪恶",通过仪式"通神"、"悦神"。

从范宏伟教授的作品里可以看到:甘肃永靖"法师舞"达到高潮时,"法师"且舞且甩头上的辫子,舞步也是最快。手中的羊皮鼓也上下翻飞,产生一个共振场,仿佛是神灵在发挥作用,在这里表现的是"法师""通神"、"悦神"的能力。这和司马彪记载的傩仪的整体结构非常相似。司马彪记载的傩仪有一个"先倡后傩再驱疫"的简单情节,整个仪式就是一出雏形傩戏。侲子们(又叫侲僮,即男巫,祭祀活动的执行人员)各自手摇拨浪鼓(鼗鼓),鼓声和人的呼号声加在一起,惊天动地,声势十分浩大,鬼疫还能不被吓跑吗?这里所体现的其实是人的威力。

"傩起源于原始狩猎活动"的假说,得到了学者的认同,也在《先民遗风——黄河中上游的傩文化》中得到了充分体现。照片中舞者的动作和假面,就是从驱兽到驱傩的活动写照。狩猎,是人类延续了几百万年的生产手段,在驱赶追逐中猎取动物是人类早期一种基本的生存技能。后来,人们发明了面具狩猎法,靠着面具伪装,接近和袭击野兽变得比较容易,狩猎成功率大为提高。原始假面驱赶式群舞与原始巫术结合之后,也逐渐演变成原始假面式巫舞。进入新石器时代,随着农业经济的发展,假面式巫舞的实际狩猎功能逐渐仪式化了。这种原始傩仪有这样一些特点:最初是随意、杂乱无章的,没有整齐的步伐,模仿的是追捕动物时的速度和效率。没有程式,无需继承,每次的舞姿可以不同。但是,少不了"驱逐"这个基本形体语言,要披兽皮(准假形)或戴兽皮假形面具,跟真狩猎时一样做动物打扮,并且力求模仿得逼真。

借助《先民遗风——黄河中上游傩文化》一书编辑出版，我有机会学习了一些中国傩文化的相关知识。虽是初学，但能强烈地感受到，黄河上游七千八百年的历史，仅从独特的傩文化这一个侧面，就充分体现了华夏文明传承的海量资源、独特形态和强大生命力，更多更有意义的内容则有待我们认真研究和挖掘。

范宏伟教授历尽千辛万苦，十数年如一日，跋涉在黄河上游的广袤大地上，用摄影手段去追踪傩文化的遗存和表现形式，从文化学的意义上说，既是传承，也是创新。这部著作足以说明，他堪称用摄影手段系统记录、研究和传播黄河上游傩文化的第一人。其工作态度和做人、做事的风格，深得乃父——中国知名画家范有信先生"世间欲问瑶池路，只在深深蹄印中"的骆驼精神的熏陶。天道酬勤，付出艰辛，就一定收获硕果，范宏伟教授应该深有感触。

一部厚重的《先民遗风——黄河中上游傩文化》，既是范宏伟教授的成果，也是甘肃艺术家在"华夏文明传承创新区"建设中的重要收获。作为一个出版人，我希望有更多好作品问世。甘肃在历史上为华夏文明做出了很多重要贡献，在实现"中国梦"的伟大时代，也一定能不断创造新的成就。以此共勉。

吉西平

2013 年 10 月

4

RELICS OF PROGNITORS
黄河中上游傩文化
Nuo culture of the upper
and middle reaches of Yellow River

前言 | Foreword

　　"人神相通"似乎是亚洲大陆东部广大地区繁衍生息的诸民族与自然相处时代代相传的根本信条，以至"天人合一"哲学概念的出现，渐成这一地区各民族融于血液的生活法则。万物有灵，人神两界共处天地间，和谐相处。

　　由此，人界和神界就好像有了一个约定，人界无力而为的事情就交由神界具结。傩应该就是这个约定的具体体现，约定几千年不断，已成契约。神佑人事，人酬神灵，人神共娱。人们一次次准时赴约，戴着面具，用歌舞狂欢和身体受难的方式与神灵共娱。仪式化的过程充满了复杂的程式和规范，一代代以神秘的方式传递，不因政治制度的不同而中断。

　　对于傩的起源，现在专家更多地认同其源自人类上古的原始狩猎、图腾崇拜时期，与巫术意识有关。傩仪滥觞于史前，盛行于商周，在周代入礼制，称为"国傩"、"大傩"，乡间叫"乡人傩"。《论语·乡党》记载的"乡人傩，朝服而立于阼阶。"说的是孔子看见傩舞队伍过来时，穿着礼服站在台阶上毕恭毕敬地迎接。这里传达出了两层意思，一是傩在当时人们生活中的重要性；二是傩最重要的形式之一就是走街串户，这点沿袭至今。

　　根据先秦文献记载，傩仪是希望调理四时阴阳，以求寒暑相宜，风调雨顺，五谷丰登，人畜平安，国富民生。周人认为自然的运转与人事的吉凶息息相通，所以傩仪是用来驱邪逐疫的。

　　至汉，傩仪正式成为宫廷礼制的一部分，傩仪中出现了与主神方相氏相配的十二兽。魏晋南北朝至隋唐沿袭汉制。汉、唐时宫廷"大傩"仪式隆重，并传入越南、朝鲜半岛和日本。北宋末期宫廷傩礼采用新制，傩向娱乐化方向发展，方相氏和十二神兽角色，由乐人扮演。元蒙因信仰不同，傩礼受到排斥。明代恢复过宫傩，清代宫廷不再举行。

至今，傩一直在民间延续，并与宗教、戏剧、民俗等结合，衍变为形态多样的傩舞、傩戏。不仅在内容上是多元宗教、民俗、艺术的文化融合体，更是在时空上跨越时代、社会、民族、国界的文化复合体，庞杂而神秘。

　　岁月纷纭复杂，远古的信息已被遮掩得难以辨认，在残存的蛛丝马迹中，祖先与我们擦肩而过的身影几成镜花水月，我们是否还能够在今天傩仪的存在形态中探寻到更多的"真相"呢？

　　我将镜头聚焦在黄河上游甘肃、青海的峡谷和山地，用影像记录存在于这些地区的傩仪、傩舞、傩戏，这些留存传承了几千年的仪式、动作，古朴悠远，历经岁月磨砺，依旧流光溢彩。

　　我最初只是把记录对象确定为青海同仁隆务河峡谷藏族的"六月法会"、土族的跳"於菟"和甘肃炳灵寺黄河峡谷地区的"永靖傩舞"。在拍摄一年后，我发现在传承人对其起源的说法中有一个共同点，那就是都和羌、藏民族有着千丝万缕的联系，于是，我决定把记录对象扩展到甘肃那些曾经是羌、藏族与汉族的混居地区。这些地区都存在着古老的傩仪，虽然举行的时间不尽相同，综合了当地各自不同的民间文化形态，但是在仪式的诸多方面及其所处的地域却有着难解难分的相似之处。陇南市文县白马河畔麦贡山上白马人的"池哥昼"、甘肃定西市洮河、渭水上游渭源、临洮县高寒山区汉族的"打西番婆"（现改为另一名称"羌蕃鼓舞"）、"拉扎节"。它们与藏族的"六月法会"、土族的跳"於菟"、永靖汉族的"永靖傩舞"在地域上都处在河流上游的峡谷山地且这些地区都曾是氐、羌、藏、汉诸民族的混居区，从傩仪的形态上看也都或多或少地存留着氐、羌和藏族遗绪。

　　作为关注黄河上游傩的一本影像书，我更关注影像本身的记录功能，希望这些影像能对研究、考察傩的学者、专家有参考价值，给希望了解傩的人有一个直观的认识。在拍摄过程中，本人发现这些存续于不同地区的傩在很多方面有不约而同的相通之处，这是否是傩在几千年的传承过程中留存下来的"文化密码"呢？本人将几点浅陋的思考呈于此，且作抛砖引玉之言：

1. 它们都处在古代丝绸之路上各交通要道的交叉点，这些地区民族混居，交替主导，文化融合。随后因为交通道路的改变，这些区域相对封闭，且少受外界干扰。这是不是使傩被完整地保留下来而且具有相对原始性和传承稳定性的原因呢？

2. 各地傩的主持者"法师"都要进行装扮，然后上庙祈祷领受神灵旨意，求得神灵附体，代神行事，成为"跳会"的组织者和指挥者，他们的角色和职能应该和周朝傩仪中的方相氏（司仪官）相同，现在，他们同时也是傩舞表演的高手。

3. 不同地区的傩都有一整套完整的以"会首"为组织者的高效、公平的管理系统和仪式规范严格的"传承人"制度，从而有效地保证了傩代代相传而不"走样"。

4. 从不同地区傩仪活动中敬奉的守护神也可以看出彼此之间文化的共通性和交融性。例如，龙神、二郎神、九天圣母在不同民族的傩仪中或作为主神或作为守护神，而且都是多神同时敬奉，各司其职。这些相通点是否说明从远古而来的傩是在各民族文化不断交融过程中形成的呢？

5. 在功能上的共同之处都是"娱"神。"六月法会"、"永靖傩舞"、"拉扎节"，都是在庄稼收获的季节举行，据传承人讲，最早只是在庄稼丰收时才举行。例如"拉扎节"就是在新麦上场后举行，可以说就是一个"收获节"，所以在当地又称为"过拉扎"、"吃拉扎"。

即使在春节期间举行的"於菟"、"池哥昼"、"打西番婆"也都是以舞为主的仪式活动，娱神娱人，人神共娱。

每次走进傩仪现场，给人最强烈的感受就是现场的狂欢氛围和我们"鬼神是需要斗争"的观念相去甚远，没有哭天抢地的祈求，没有张牙舞爪的驱赶，有的是敬的庄严、舞的狂欢，人神两界沟通无阻，大家彼此快乐，各自管好自己的事，彼此和平相处。

与自然寻求一种沟通，消除对立，这是所有古老民族在和自然相处时持有的共同原则，甚至是"法则"，而不是后来大家相信的"人定胜天"的大无畏理论。

书名将本书的内容圈定在黄河上游，而陇南文县铁楼乡白马河畔麦贡山上"白马人"的"池歌昼"不在黄河上游，为什么要放进来呢？最主要的原因，一是麦贡山是"白马人"和汉、藏族的混居地区。二是"白马人"属于氐族后裔，从中能观察出文化在历史的进程中所具有的演变过程。三是文县虽然属于长江流域，在历史上这里是丝绸之路南河道南道的过所，南进到四川阿坝地区，北进陇右沿洮河汇集到永靖至西宁这条道路，进入到黄河上游，所经过地区有定西市渭源县的"拉扎节"、临洮的"打西番婆"、临夏市永靖县的"傩舞戏"、青海同仁县的"六月法会"和跳"於菟"，这其中很难说各地傩仪在传承过程中不会因道路沟通、地域类型一致而在形成过程中有文化的相互影响而出现相同的元素。比如：白马人的"池哥昼"与土族的"於菟"就有一个共同点，那就是整个仪式过程都是代神行事的"法师"登堂入院带走主人家一年来藏匿在家中灾邪。

这不是一本关于傩的理论书，而是一本采撷自民间的"原始影像书"，以记录的方式将存在于民间的生动图像完整地呈现出来，因为我相信，无论如何进行理论界定，文化真正的力量来自民间，来自以严格、神秘方式代代传承的仪式中。

　　书中的文字不是严格的理论论述，可以说是原始的考察记录文本，只是对图片的一种补充描述，对名词的解释和说明，尽最大可能摒弃主观和个人好恶，站在一个旁观者的角度，做"一只钉在墙壁上的苍蝇"。

先民遗风
RELICS OF **PROGNITORS**

黄河中上游傩文化
Nuo culture of the upper
and middle reaches of Yellow River

永靖儺舞

YONGJING
NUOWU

甘肃省永靖县的傩仪有"春祈"和"秋酬"两部分，秋酬即傩舞戏，当地俗称"七月跳会"，由傩祭、傩舞、傩戏三部分组成。每年农历七月二十三日举行，一般举行三天，其中傩舞、傩戏最为精彩。

"七月跳会"起源于何时，已无可考。一说起源于仓颉造字时代，一说传自汉代官傩，一说来自唐代的"防秋健儿"，在《跳会禀说词》中又说"刘都督射猎，遗留了哈拉（乡傩）会事"……林林总总，并无定论。但是，比较明确的一点是永靖傩仪成型于明末清初，现存于永靖县文化馆的傩面可以算是一个可靠的佐证。

永靖傩舞戏目前在永靖县许多乡村都有流传，尤其是在县城西部山区的杨塔、红泉、王台等地最为集中和完整。这几个村庄与著名的炳灵石窟寺比邻，散落在群山之中。这里曾是古羌人活动的重要地区，也是古丝绸之路的必经过所，曾经很长一段时期吐蕃与汉族南北隔河而居，著名的炳灵渡渡口群就分布在黄河两岸。

傩在这里曾经十分盛行，鼎盛时期无论村落大小，村村都有福神庙，供奉着"九天圣母娘娘"、"清源妙道真君"、"普天同聚龙王"等神像，庙里还备有行傩用的"迎神旗"、面具（这里俗称"脸子"）、服装、锣鼓以及木制的刀、叉、剑、戟、斧、钺等。最重要的"脸子"在各庙数目不一，有十八件一副的，也有三十六件一副的，现存最古旧、最精致的要数收藏在永靖县文化馆杨塔乡胜利村焦垫庙的三十六件一副的"脸子"，虽历"文化大革命"浩劫却依然完好，留存至今。

福神庙平时有专人定时上香、悉心守护。坐神为泥塑，"镇守"村庙；游神为木雕，乘在轿子里，"七月跳会"时巡游各处。在"跳会"的鼎盛时期，永靖县川地和山区有三十一座福神庙，所以至今这里还流传着"上七庙，下六庙，川里还有十八庙"的说法。所说的"上七庙"是指会坛设在树湾村的九龙庙、车家庙、五云山庙、朱山庙、坛子庙、红泉庙、董家山庙。"下六庙"是指会坛设在三角坛的果园四庙、余宋二庙、周何二庙、焦垫庙、三角庙。"川里还有十八庙"是指原喇嘛三川里的十八座福神庙，刘家峡水库蓄水时被淹没在水下。沧海桑田，昨日的繁花似锦，已成镜花水月，踪迹难觅。至今有面具和"跳会"的仅剩迁往永靖县三塬村的下塬庙、上金家庙和临夏先锋村的潘家庙、鳌头庙。

据老人们回忆，在傩舞戏没有被禁止的年代，川里十八庙的"会首"叫正总会，山区十三庙的"会首"叫副总会。正总会一般由官方委派，有官印，而副总会无官印。傩舞队走村串巷巡游时，正总会是坐在轿子里和神轿一起行进的，而副总会是骑在马上的。跳会时正总会和神像并排，坐在椅子上，前面设香案，和神一样受到尊敬，接受香灯和祭祀，而副总会不受香灯。

这也许就是"官傩"和"乡傩"的差别。无论这种差别是否源自傩形成的当初，有一点是肯定的，那就是担当总会的人不光是有宿望的耆老，还要四代同堂、福、禄、寿俱全。这让我们想到周朝傩祭中的祭司"方相氏"，到汉以后的傩祭中他成了主神。人与神之间如何沟通？是人也是"神"的耆老们不就是沟通人神两界的中介吗？

"七月跳会"要举行三天。第一天主要是"迎神"，傩戏也就5至8个。第二天除了开始时的"踩场"（"会首舞"）外，主要就是傩戏表演，可以把第一天和第三天不跳的所有节目放在这天跳。第三天跳的节目一般不多，主要是"送神归庙"。

由傩祭演变而来的永靖傩舞戏极大地丰富了"傩"这一古老的巫祭形式，从中可以看到羌族藏族、道儒释各种宗教、本土风俗、戏剧、舞蹈等诸多文化元素的融合。严格的祭祀仪式和充满教化作用的舞蹈戏剧有机结合，形成了独特的酬神娱人的傩祭仪式系统——上庙迎神、设坛安神、新麦献盘、酬神献牲、踩场献舞、傩戏共娱、送神归庙。

永靖县傩舞戏这一古老的民俗文化活动具有较强的舞台表演性，堪称戏剧舞蹈的"活化石"。精彩的傩舞戏部分，傩舞动作中难度最大、最让人目眩的是"法师舞"，场面最宏大、最神秘繁复的就是"会首舞"。

傩戏的剧目达30多种，各村有各村的拿手活，在当地有一种说法："松树湾的《武将》、焦家庙的《杀虎将》、三角庙的《独戏》、果园四庙的《四不像》。"

无论是傩祭、傩舞、傩戏，其中都能找到来自于几千年前傩的元素，无论置身其中还是旁观凝视，你都会感觉仿佛带回到上古时代。在表情一成不变的面具上，在代代相传的古拙动作中，我们似乎可以捕捉到祖先围着丛林中的篝火与神灵共舞的蛛丝马迹，眼前看到的仿佛是藏匿于沧海桑田巨变中的身影。

现在，永靖县已将杨塔、三塬、王台、红泉四乡镇的18个村（庙）定为傩舞戏文化原生态重点保护点。同时，编辑出版和制作了《甘肃永靖傩舞戏》、《河湟鼓舞》等书籍和音像制品，还组织了傩舞队，以"河湟鼓舞"为名将傩舞搬上了舞台，在省内外演出，获得巨大反响。

2007年，中国民间文艺家协会授予永靖县"中国傩文化之乡"的称号，傩舞戏进入甘肃省第一批非物质文化遗产名录。2008年，傩舞戏又被列入第一批国家级非物质文化遗产扩展项目名录。同时，入选"中国民间文化遗产抢救工程"重大出版项目——《中国傩文化集成》。

杨塔乡胜利村焦家庙几代人保存下来的古老"脸子"，据传承人讲已有六百多年的历史。面具以布为质地，层层胶塑而成，制作手法精细，外观古朴精美，形象生动。从这些古旧面具中，专家认为可以看出唐代和明代的风格。"文化大革命"时，有些面具被村民藏在炳灵寺的洞窟里，躲过了"破四旧"的狂潮，在岁月动荡中沉寂数十年，直到傩舞戏再次被允许上演时方见天日，得以传袭至今，为今天制作"脸子"提供了"标准模板"。

RELICS OF PROGNITORS
Nuo culture of the upper
and middle reaches of Yellow River 黄河中上游傩文化 | 先民遗风 | **4** / 5

　　对于永靖傩舞戏的起源，专家和民间有着多种不同的说法，根据各种文献记载，大家更倾向于来自羌、藏族的说法。但是在永靖民间传说中，认为它源自唐朝的"防秋健儿"。

　　据炳灵寺石窟题记和明《河州志》记载，唐代的"防秋健儿"就是人们戴着假面防御吐蕃人抢收麦子的事件。古时，永靖黄河以南地区气候寒凉，没有夏粮。每当河北地区麦熟时，河南的吐蕃人乘天黑渡河来抢收麦子。久而久之，当地人想出一个对付的办法：吐蕃人再来的时候，人们戴上牛头马面的面具，击鼓打锣，呼喊吓唬。月黑风高，吐蕃人见此情形，以为当地人有神兵天将相助，对方便逃回南岸，再也不敢来抢收麦子。由此，每当丰收年景，这里就形成了戴面具"跳会"的习俗，一直流传至今。

　　但是也有专家认为，现在杨塔乡一带汉人日常生活中还保留着古羌人原始崇拜的遗俗，所以永靖傩舞的起源应与古代生活在这里的羌人关系密切。

　　傩在这里曾经繁盛过很长时间，清代《续修导河县志》有明确记载："遇丰年，则扮演社火，即乡人傩之遗意。"清康熙时汪元在诗中对傩舞戏的盛况曾有详细记述："社鼓逢逢禳赛时，青旗白马二郎祠。踏歌游女知多少，齐唱迎神舞拓枝。"

　　许多专家认为，永靖的傩舞戏之所以和古羌人有一定关系，是因为傩最初应该是起源于古人的原始狩猎活动，也就是人们说的"面具狩猎法"，古羌人用此方法狩猎，这里又曾经是西羌长期的聚居地，所以，永靖傩舞戏和古羌人应该说是难脱干系。著名民俗学专家、兰州大学柯杨教授曾写道："如果说中国的皮影艺术是'世界电影之祖'，那么，我国的傩舞戏就可以说是世界舞蹈和戏剧之祖了。"

　　傩不仅历史悠久，而且文化内涵非常丰富，保存了我们先民的许多礼仪和习俗。

　　今天的永靖傩舞戏分为上下两场，上半场的第一个仪式是"迎喜神"。

　　"会首"一手执姜子牙神鞭，口里念念有词："上不打天，中不打神，驱打的邪鬼魑魅魍魉远离行……"一手举迎神旗，敲锣打鼓，走村串巷。先到总牌头家里除灾驱疫，后到庙里请神、问卦，再抬着九天圣母、二郎神、龙王等木雕彩轿，仪仪前行，鸣锣开道，按一定的"马路"，在本方"辖区"巡视一番。

　　"迎喜神"队伍途经各村，遇上乡民祈求驱灾降福的，队伍要停下来，念咒作法，保佑乡民平安。

"迎喜神"就是把可以离开神庙的称为"游神"的木雕神像用"神轿"抬到演出会场安坐。"迎喜神"的队伍出游时，一路上法师甩"神鞭"，为"神"开路，抬轿者被"神"提住，前后倒退，左旋右转，人神狂欢，喜气满场。乡民们争先恐后簇拥着把"神轿"送往帐坛，善男信女秉香紧随，一齐到达帐坛后，焚表上香，点灯击磬，献上干果等贡品，这是"安神"的仪式。

"神轿"在帐坛安坐，法师和众乡亲跪地拜祭，祈求风调雨顺、五谷丰登，帐坛周围还有不少信女就地打坐，吟念嘛呢经。

　　永靖地处青藏高原和黄土高原的过渡地带，是古代西羌人活动的重要地区，更是中华民族黄河文化早期的发祥地和传播地之一。在今天的永靖县境内的黄河、洮河、湟水等流域，就发现了拥有寺洼文化、辛店文化的张家咀和姬家川遗址，还有莲花台遗址。

　　西羌，本出自三苗羌姓，舜时迁徙至三危，也就是今天敦煌一带。后来他们逐渐发展壮大，在甘肃、青海、四川等地游牧，至今在四川境内还生活着羌族后裔。

　　商代武丁曾用了三年时间征服了西羌的一支。《诗经》中记述"自彼氐羌，莫敢不来王"，说的就是武丁征服西方羌和氐族的事。

　　古羌人信奉原始巫教，他们以白石、羊角为图腾。现在永靖有些山区的路口还留存着古老的"神树"，有些人家还供奉着羊头人身的"家神"，这其实就是古羌人习俗的遗留。

　　至今永靖一些乡村有人死后祭奠时"不吃荤、不戴孝、不恸哭"的习俗，这和古羌人"以战死为吉，病终为不祥"的尚武观念似乎有着千丝万缕的关系。袁宏《后汉纪》谓西羌："男子兵死有名，且以为吉。"西羌人认为人战死后能升入天堂，故并不觉得死亡是件很悲痛的事。如三国时马超所率西羌兵，就非常骁勇善战，这也许和古羌人对死亡的观念有关。

　　这一切证明古代羌人在此地活动非常频繁。

"迎喜神"之后，就是"开光度气"的仪式了，这是一整套完整的傩舞祭祀仪式。

"开光度气"中，一法师在羊皮鼓舞伴奏下，用毛笔为"神"点睛，用火种入气，用毛巾擦骨，用木梳梳发，用镜子照丹田，用鸡血祭奠，用五彩线钢针扎"神"的七窍。然后是妇女们争抢针线，这是"开光度气"中一项必有的仪式。

在法师们表演的同时，来自各个村庄的乡亲们，也按照传统的习俗进行着祭拜。

傩舞的整个仪式中锣鼓是"乐队"的核心，无论舞还是祭，人们的步伐动作都是按照鼓乐节奏进行的，所以"乐队"通常都是由"传承人"掌控。

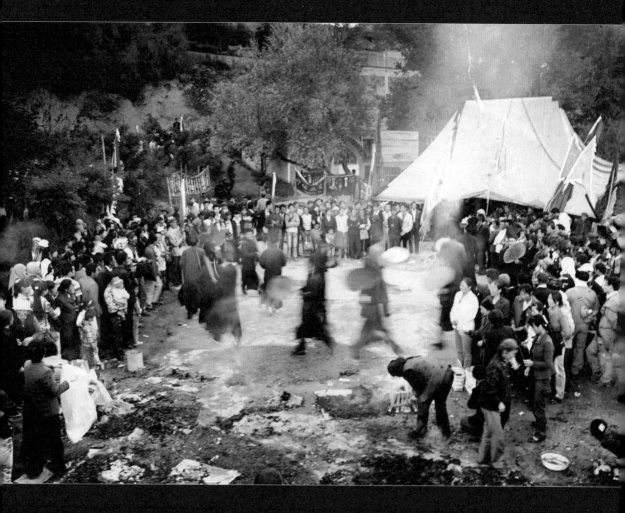

　　"神轿"安放在帐台，"会首"拜祭之后，傩舞队在鼓乐声中变化着队形，起舞"愉神"。

　　从永靖县出土文物发现，新石器时代就有傩的祭坛和彩陶纹饰。据北魏《水经注》记载，杨塔、王台一带的小积石山岩堂内，就有"鸿衣羽裳"的"神人"活动。

永靖傩舞戏是中原傩和羌、藏傩相互影响，农耕文化和游牧文化相互融合的结果，在祭祀仪式和傩舞表演中的诸多元素呈现着显著的南北交融、古今并存的多元文化特点。

永靖傩舞戏是以傩仪、傩舞、傩戏为主要标志的傩文化，是数千年多种文化交融积淀的结果，是多元宗教、民俗、音乐、舞蹈、面具艺术的文化复合体。

　　永靖傩舞队由"会首"、旗手、锣鼓手、戴面具的演员等 60 多人组成。4 名"会首"，一般都是跳会的能手，他们身着八卦衣，手握"开天斧"，走在队伍最前面。旗手们头戴红缨鞑帽，身穿长袍彩服，随着"会首"的方位变化，口中不时地发出"好好呀呀、好好呀呀"的喝声，锣鼓手奏"舞会"音乐，旗手的队形变化有"三回九转"、"跑大圈"、"跳方阵"等。

　　上半场"迎喜神"的祭祀仪式完成后，就是下半场的"跳会"了，也就是傩舞戏。"会首舞"是下半场的开场傩舞，是"跳会"的开场节目。"会首舞"又叫"踩场"。

　　"会手舞"由四个方队组成："九辖"、"牌头"为第一方队，"会首"为第二方队，锣鼓手为第三方队，戴面具的演员为第四方队，总共 60 多人。

　　"会首"们头戴红缨鞑帽，身穿"玄衣朱裳"，肩搭三角红布，每人手持一杆丈余的鸡毛旗帜起舞。队伍最前面由"四大九辖"率领，他们手持斧、钺、剑、戟（俗称"钺斧"）。他们是开路神君，是汉代"方相秉钺"的再现。

　　据傩文化学者考证，傩舞的舞步可追溯到史书记载的"巫舞"，即所谓"禹步"。

　　在紧锣密鼓声中，"会首舞"的队伍迈着粗犷有力、雄浑豪迈的舞步出场了，他们在"神轿"前虔敬地礼拜。他们的舞步与"禹步"大同小异，动作古朴，充满野性美。

　　整个会场锣鼓阵阵，旌旗招展，真个是"闻声驰铁骑，过影走金蛇。进退真神捷，盘旋任屈斜"。队伍时而合，时而分，队形变化多端。主要阵法有"三回九转"、"跑大圈"、"跳方阵"、"太极八卦"、"踩四门"、"旗开得胜"、"乘胜追击"等。

  以"踩四门"阵法为例：在表演者眼中，脚下的场地犹如一座城池，有东、南、西、北四门各在其位。队伍在"三回九转"、"跑大圈"后，紧接着变为两单列，前后相随，单跑四门——先从东门方向的东北侧跑进，途经中场向西门的西南侧出"城"；绕到"城"外到北门的东北侧进，再经中场从南门西南侧出；绕过南门外梢杆又从南门侧进，经中场从北门东北侧出；绕过北门外梢杆，绕向西门西南侧进，途经中场从北门出。单路继续在场（"城"）外转三个大圈，后两队分开，分别从东门北侧和南门西南侧进，相互对称地先在场中央天坛前"卷云花"，后在傩坛前"卷云花"，动作完成后，两队各自从东门北侧、南门西侧跑出"城"，相会于东南门外。紧接着又是双跑四门，循单路跑的路线，锣鼓声一阵紧似一阵，经中场时两队人马相互交替，奔跑速度越来越快，情景非常紧张，令在场观众屏息凝神，等跑完出"城"这才长出一口气。两队遂缓步从东南门并列进场至傩神前，九辖、"会首"等跪于傩神前行祭祀礼，禀说一些傩神、傩舞、傩戏的根源来历，并许诺献牲。礼毕后带队各回本部，"会首舞"表演结束。

  除固定套路外，还有"龙褪骨"、"蛇蜕皮"等形式，并传有口诀："一上二退三交叉，四上五退转麻花；六卷云花四角转，七变一字长蛇线；走罢云花转大圈，快步小跑跳旗完。"

RELICS OF PROGNITORS 先民遗风

黄河中上游傩文化艺术

20
21

永靖岘塬的"法师舞"让人目眩神迷，现在称作"河湟鼓舞"，还搬上了舞台演出，虽然加工痕迹过重，但仍不失原始的野性美和祭祀巫舞的神秘感。

"法师舞"原本是用来祈雨的舞蹈，它会让人不禁想起电影《黄土地》中壮观的腰鼓祈雨场面。舞者个个身手矫健，手中的羊皮鼓时急时缓，在鼓声中，他们腾挪跳跃，飞身旋转，让人目不暇接。

RELICS OF PROGNITORS 先民
Nuo culture of the upper
and middle reaches of Yellow River 黄河中上游傩师文化遗真
22 23

　　"法师舞"动作难度虽大，"法师"手中飞舞的鼓棒却是铿锵有力，鼓声节奏整齐。表演时整个舞队队形变化有序，场面壮观，锣鼓喧天，令人振奋。法师们不仅以鼓点取悦观者，更为生动的是用单鼓变换出许多花样，或在腋下蜿蜒转环，或双手夹鼓，使单鼓飞旋，鼓环琅琅作响，让人眼迷目眩。

　　在黄河岸边，这群以祈雨为主的舞者真有"祥龙一日从地起"的气势。

RELICS OF PROGNITORS
Nuo culture of the upper
and middle reaches of Yellow River 黄河中上游傩文化 先民遗风 | **24**/**25**

"法师舞"激扬的表演带给在场乡亲们的无尽的欢乐，让大家融入"悦神"的喜气中，品味着与"神"分享收获的喜悦、享受着那份自在。

表演者不是专职的神职人员，只是生于斯长于斯、世代与黄土相伴的农民，他们内心的欢愉在这片黄土高坡上撒播，与乡亲们共同分享劳作的果实，还有那份对自然赐予的知足。

　　光阴荏苒，时过境迁。当刘家峡水库淹没了永靖喇嘛三川之后，山区和库边遗留村庄的"七月跳会"虽时断时续，但毕竟沿袭了下来。

　　跳会的主旨在祭祀、酬神，这就要设坛。平常各庙供奉在庙里的是泥塑神像。十三庙供奉的各有不同，主要是二郎神、龙王、九天圣母、金花娘娘，还有菩萨、古佛、摩劫大王、显身大王、白马大王、王母娘娘、山王、土主、常山锅盖（常玉春）、三霄娘娘、金童玉女等，佛、道二教及传说中的神都有。吴家庙里就供奉着"九天圣母娘娘"、"清源妙道川蜀崇宁护国真君"（俗称二郎爷，即李冰）、"吧咪宝山金花娘娘"、王母娘娘、"锁脚龙王"、山王、土主。

　　现在"跳会"主要以上六庙、下七庙各为一坛，分开进行。每坛选有总牌头，下有小牌头，有多有少。每座福神庙的属民都有参与跳会的职责，总牌头负责祭祀礼仪和"跳会"事宜。

　　以上六庙为例：车家庙为主坛，吴家庙为会主。大家早在几个月前便会商量好要"跳会"，并于五月十三日由会主下请帖，请黄家庙、车家庙、朱家庙、玉皇庙、九龙庙共上会坛。

　　大会只跳一天。从早上开始，吴家庙"神轿"、九辖、牌头等人马必先到场，并以会主身份迎接先到的车家庙福神和傩队。其后，吴家庙、车家庙又以会主、坛主身份迎接其余各庙。

　　迎接方式也是别具一格：分别在离坛二里、一里、一百米处往返迎接三次，对各庙都一样，循环往复，不打折扣，每次见面都要相互鞠躬行礼。

　　各庙到齐后，必须按安排好的位置安放"神轿"：吴家庙、黄家庙"神轿"居中，玉皇庙、车家庙靠右，九龙庙、朱家庙靠左，各庙牌头等一行人马列队在各自神轿前。

　　永靖傩戏里的经典剧目《杀虎将》是从汉朝角抵戏《东海黄公》演化而来，古朴粗狂。《东海黄公》以"制虎者反被猛虎咬死"的事实，表现法术的不可靠。《杀虎将》讲的是"杀虎将"为了民众平安吉祥降伏猛虎的故事，剧中戴着牛头面具的"杀虎将"与虎搏斗，最后杀掉猛虎，情节紧张激烈，扣人心弦，透出的是先民远古时期的生活情景。

　　"杀虎将"人身兽面，威力远远超出常人，这也是傩被赋予的原本含义。

RELICS OF PROGNITORS 先民遗风 **30**/**31**
Nuo culture of the upper
and middle reaches of Yellow River 黄河中上游傩文化

　　永靖傩戏在表现内容上总是不改初衷：以神鬼故事、尚武精神为主题，以历史故事、宗教和世俗人物为表现手段，也表现百姓自己的生产生活和民俗风情，每一个折段就是一个故事。

　　在"七月跳会"傩戏表演上，一庙接着一庙演，各庙总要拿出一两件绝活，暗中较劲，大概这就是把"跳会"又叫"赛坛"的来由吧。当地有句顺口溜："松树湾的《五将》、三角庙的《独戏》、焦家庙的《杀虎将》、果园四庙的《四不像》。"

RELICS OF PROGNITORS 先民遗风 **32**/33
Nuo culture of the upper
and middle reaches of Yellow River 黄河中上游傩文化

面具是中国傩文化的一个重要的标志性特征。

这是永靖傩舞戏《五将》中装扮的人物造型，从左向右依次是：吕布、张飞、关羽、刘备、曹操。

　　傩戏脱胎于古时的傩祭活动，尽管永靖傩传入年代稍晚于中原及黔东南等地区，但它依然服务于傩祭这个中心主题，寄托人们酬神、祛邪、消灾的祈愿。表演全在场院空地进行，留给人们最初的印象总是原始、古拙，甚至简陋。

　　但是，经过数百年的发展，它之所以没有消亡，就是因为它在黄河古民间文化的氛围中，广泛吸收儒、道、释等多种文化元素，逐渐从单调、呆板、肃穆的气氛中解脱出来，使表演内容更加丰富，表现手法更加多样，酬神娱人的效果更加明显。

这是永靖傩戏中属于戏剧型的《三英战吕布》，角色有刘备、关羽、张飞和吕布。演绎的是四雄交战，吕布被三英合围，侥幸逃脱的那段历史故事。

永靖傩舞戏表演的剧目丰富，形式多样。剧目多达 30 多种，其演出内容的类型可分为歌舞型、戏剧型、杂耍型三类。面具的形象主要有虎、猴、牛、马、羊、红绿二鬼、阴阳、笑和尚、三眼二郎、李存孝、刘备、关羽、张飞、周仓、曹操、蔡阳、吕布、貂蝉等造型。

据永靖县对杨塔、红泉、王台、三塬等 18 座福神庙实地调查统计，目前共保存古旧面具（"脸子"）263 具。

RELICS OF PROGNITORS
Nuo culture of the upper
and middle reaches of Yellow River　黄河中上游傩文化　**38**/39

　　"七月跳会"傩舞戏的主要剧目有《杀虎将》《木莲僧救母》《三英战吕布》《出五关》《川五将》《五将降猴》《五官五娘子》《单战》《方四娘》《下四川》等。

　　参加傩舞戏演出的都是当地农民，他们会扮演自己拿手的角色。他们平时各自务农或外出打工，到了"七月跳会"时大家就聚集到一起进行排练和演出。为生计忙碌的年轻人愿意来参加傩舞戏的人越来越少，尤其有拿手绝活的更少，这对傩舞戏的传承提出了挑战。

　　近年来，"跳会"作为一种特色地方文化活动，已不仅局限在"七月跳会"时进行，有时也在春节融合到"春祈"的傩祭仪式中，表演一些大家喜闻乐见的剧目。

RELICS OF PROGNITORS　先民遗风　| **42**/43
Nuo culture of the upper
and middle reaches of Yellow River　黄河中上游傩文化

　　永靖县傩舞戏被称为戏剧的"活化石"，上自汉唐，下至明清，至民国，到 1949 年新中国成立，千百年间传承不衰，延续了中国古典戏剧的古拙质朴，是研究黄河中上游民俗、民族文化历史传承的珍贵的活资料。

　　它土生土长于民间，古朴、凝重、深沉，黄河文化粗犷豪迈的特点，更使其在迎神祭祀的宗教氛围中透出大气乐观的民风。同时，由于永靖地处丝绸之路南线，是黄河古渡要津，又是唐蕃古道必经之地，中西文化的交互，各民族文化的融合积淀，使永靖傩舞戏凸现着多元文化的姿彩。

RELICS OF PROGNITORS 先民遺風
Nuo culture of the upper 黃河中上游儺文化
and middle reaches of Yellow River | **44**/45

　　永靖傩面具的制作是以布或者纸为基材，用胶层层黏合，塑造出形状，再用颜色勾勒出规定的人物脸谱。这些面具凝聚着民间百姓对生命的理解，也凝聚着他们的智慧和丰富的艺术想象力、创造力，它们不仅仅是一张张面具，更是融合了雕塑与绘画的民间艺术品。

RELICS OF PROGNITORS
Nuo culture of the upper
and middle reaches of Yellow River 黄河中上游傩文化 | **46**/47

歌舞型傩戏《二郎神降猴》中孙悟空的造型，手法写实，打破了《西游记》里可爱的美猴王的形象。这出傩戏讲的是司法天神二郎神杨戬降服调皮的孙悟空的故事。在形象塑造上，二郎神是一个正面形象，而孙悟空则是有些顽劣、丑陋，这是民间对这个故事的重新注释——顽劣的孩子必须有大人管教，两千岁的二郎神自然应该管教才从石头里蹦出来的孙猴子。这一类傩戏，舞曲节奏沉稳、徐缓，节拍多以三拍子及混合拍子为主。音阶为五声羽调，旋律中宫音比较突出，常造成羽、宫调式的交替效果，使曲调抒情、豪壮，刚柔相济。

　　杂耍型傩戏《笑和尚赶过雨》("过雨"是永靖方言，指的是雷阵雨）、《庄稼人》、《变化赶鬼》、《二鬼闹判》等是永靖傩戏常演的剧目，剧中人物戴着造型滑稽的面具，插科打诨，动作逗趣可笑，表情丰富娱人，故事内容幽默滑稽，令人捧腹。

　　《笑和尚赶过雨》中，笑和尚的装扮者，在围观人群中可"上打爷爷，下打孙子"。当地民俗认为，在这种场合，"爷爷孙子一辈人"，爷、孙辈之间无多大世俗禁忌，可趁机"打"一下。这样演员与观众便互动起来，打闹嬉戏，场内场外玩耍起哄，充满了风趣、幽默、热闹。

　　《二鬼闹判》则是在幽默嬉闹中，讲述了一个严肃的有关公平公正的故事。

RELICS OF PROGNITORS 先民遗风
Nuo culture of the upper
and middle reaches of Yellow River 黄河中上游傩文化
50 / 51

　　《庄稼佬》也属于杂耍型傩戏，剧中面具造型可爱，透着智慧和幽默，形神兼备。

　　傩的面具从宋代起，逐渐向戏剧技艺方向发展，形成傩戏面具。逐步演化出每个面具都有它固定的名字，代表扮演角色的身份，人物性格跃然"面"上。

　　傩戏的面具十分注重造型和色彩，造型夸张，显出诡异，线条粗犷奔放，又不失细腻，人物形象性格各异，表情丰富，色彩强烈大胆，给人强烈的视觉冲击力。

　　永靖傩戏的戏剧型一类，可以算作是"正剧"了，它以武戏为主，每剧演出时间较长，保留着早期戏剧的雏形。常演的剧目有《五将》《李存孝打虎》《出五关》等。这一类傩戏，开场一般用人物之间的对白及简单唱腔展开故事，戏中人物交战时用锣、鼓、钹助威，场面煞是热闹。

RELICS OF PROGNITORS
Non-culture of the upper
and middle reaches of Yellow River　黄河中上游傩文化 **54**/55

　　中国傩戏源于远古时代的傩仪，早在先秦时期就有既娱神又娱人的巫歌傩舞了，至宋傩舞开始向戏剧转化，到元明时已具雏形。明末清初，各种地方戏曲蓬勃兴起，傩舞吸取戏曲形式，发展成为傩堂戏、端公戏。傩戏于康熙年间在湘西形成后，由沅水进入长江，向各地迅速发展，形成了不同的流派和艺术风格。

　　永靖傩戏大约也是在这个时期发端、形成，再融合当地羌、藏歌舞遗风逐步完善。

　　永靖傩戏表演，开幕戏一般为《二郎神赶崇鬼》。故事讲的是傩神三眼二郎神手执神鞭，降伏了红、绿鬼等诸多崇鬼，得胜收场。然后就是一场接着一场的其他戏，有20多个剧目。

　　一般演出为三天时间，第一天和第三天因为"请神"、"迎神"和"送神"、"踩场"等环节，挑的节目一般不多，有5到8个。第二天除了开场时的"踩场"外，主要就是傩戏表演，可以把第一天和第三天没演的所有节目拿出来演，也可以重演第一天和第三天个别演得好的傩戏。

　　最后一天主要的仪式是"送神归庙"，傩戏表演几场后，根据各庙实际情况确定送神回庙时间。"法师"请卦，起轿，会手着装，手拿舞具尾随其后，"法师"手拿神鞭让"神轿"左旋右转一阵子后送神回庙。"会首"跟随"神轿"回庙后再请卦讨吉时卸装，然后全体村人按户分享所献的羊肉、馍等供品。

　　最后，按照各庙规矩，众人推选出德高望重的人担任大总排，再将羊头交给他，便确定了来年与神庙有关的所有事情全靠他与众人商议定夺。

RELICS OF PROGNITORS 先民遗风
Mud culture of the upper 黄河中上游傩文化
and middle Reaches of Yellow River
58 / 59

目前永靖县已初步将杨塔、三塬、王台、红泉四乡镇的 18 个村（庙）定为傩舞戏文化原生态重点保护点。同时，深入傩文化原生态保护点，挖掘和搜集有价值的民间傩文化资料，并及时归纳整理，出版了《甘肃永靖傩舞戏》、《河湟鼓舞》等书籍和音像制品，为传承、保护和开发傩文化艺术提供了大量珍贵的原始资料。

  永靖傩戏因为是戴着面具表演，演员无法道白与演唱。在山区多为有乐器伴奏的哑傩，在川塬区则是伴有场外道白和伴唱的唱傩。

  这些藏在永靖县文化馆的流传了 600 多年的面具，虽然不会开口说话，但我们从它们生动的表情上能够领会到永靖傩舞戏悠久的历史和代代薪火相传的精彩故事。

  这些精美绝伦的面具，言说着过往岁月的飘摇动荡，注视着明天仍将继续传承文脉的高天厚土。

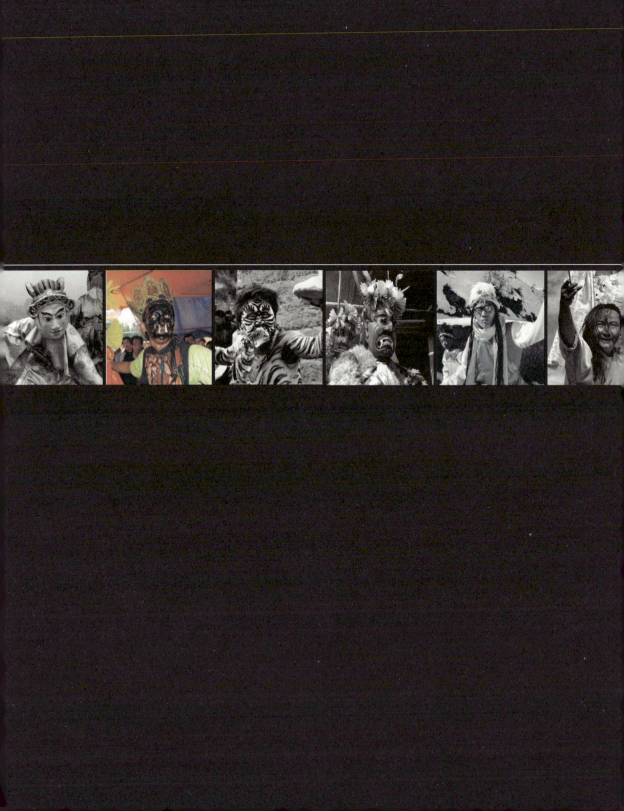

LAZHAJIE

拉扎節

麦子割完，上场堆垛，"拉扎节"就开始了。这是洮河、渭河上游渭源、临洮、岷县、卓尼、临潭的部分村镇藏汉群众都过的一个节庆活动，源于何时无考、流传至今。

　　关于"拉扎"有两个说法。一说语出藏族，在藏语中"拉"包含了山和神的意思，对于藏族来说"拉扎节"就是敬奉山神的节庆；一说"拉扎"是当地土语，意思是把散乱的东西收拢、规整到一起，延伸到节庆就是庆祝麦子收割扎把堆垛，对于汉族应该是一个庆丰收的节日。无论藏族的祭祀山神还是汉族的庆丰收，其中的共同点都是"酬神"，如果把它和"春祀"联系起来，就是一个用狂欢形式进行的一次集体大"还愿"，囊括了这一带四季的各种祭祀形式。

　　如今，在藏汉聚居的村镇，"拉扎节"是个大节，其隆重和被重视程度仅次于传统的春节，一般举行三天。"拉扎节"每年都是从农历七月十日开始，各村接续进行，最后在某个村镇结束，这时基本上就到了"十月初一送寒衣"的时候。甚至有时还会延后半个月，时间持续几个月之久。之所以有这么长的时间，主要是因为各村镇举行节庆的日子要由"司公"来定，而"司公"、"司公子"（主持仪式的"法师"）少，这样各村只能排队等待。在整个夏天，各村镇是你方过罢我开场，在黄土高坡、山地林区演绎着"人神狂欢"的活剧，重现着先民的生活场景。

　　"拉扎节"既然是一个庆祝性的节庆，主要功能就是"酬神"，感谢一年来"神"的保护，奉献收获的喜悦。这从构成"拉扎节"的内容上可以看得很清楚——"奉粮耙"、"迎神下架"、"送神上架"、"跳拉扎"仪式，还有在最后一天邻里之间的"尝五谷"、吃"供粑"——家家户户用新麦、新油做的食品，酒宴款待，相互品尝。

　　"拉扎节"有祭祀，但不是一个时限严格的活动。各村只需要根据自己的习惯和实际情况在粮食入仓之前完成，达到"酬神"的目的就可以了。这从构成"拉扎节"主要内容的"祭神"仪式、活动中也可以看到这一点。现在，有的村镇还将集贸活动、花儿会、礼佛活动都放在这个节里，这一切都让"拉扎节"显得更像一个欢庆丰收的系列活动——敬神、感恩、狂欢。还有一种民间说法，这个节是当年藏族民众庆祝麦子丰收的节庆，后来汉族也过起来，并逐渐将佛道以及本地神教文化融入，成了现在纷纭复杂的"拉扎节"。

　　洮河临洮段和渭源更东更南的会川镇、祁家庙乡，还有不少村庄至今仍沿用藏语名称，如"拉扎湾"（山神湾）、"古鲁沟"（黄羊沟）、"巴沙"（牧点）、"唐嘎"、"拉吉"等地名就有 30 多处，这也可以从侧面证明"拉扎节"是藏汉社会文化生活长期融合后留存至今的一个古老节庆。现在，过"拉扎节"的主要是汉族，这其中的历史原因在后面再作说明。

　　本书关注的是"拉扎节"中"跳神"的部分。"拉扎"本是这里原藏族的风俗，"跳神"仪式中的某些环节与青海同仁藏族的"六月法会"诸多环节和元素相似。同时，"跳神"部分又和"永靖傩舞"的敬神仪式不乏相通之处。人神狂欢，"悦神"

的精神贯穿整个节庆，这就让"拉扎节"中的"跳神"仪式就有了关注的必要。

"跳神"的整个仪式过程中，"巫人"手持羊皮鼓，一边敲击一边"做法"。他们一般赤裸上身，面部和身体彩绘神人形象。羊皮鼓是单面圆形，铁环绷上羊皮，手柄绞花，缠上红布，手柄尾部成一个大圆环，上面有八个小圆环，用手或者持鼓槌敲击，声音能够远传到村庄。仪式过程分"请神"、"敬神"、"驱邪"等环节，其中还有穿口钎、扎臂钎，问神还愿，磕头烧香、杀牲献祭。其中穿口钎、扎背钎和青海同仁"六月法会"中同样的仪式含义不同。前者据"法师"讲扎一根钎代表祭一个人，应该是血祭和人祭古老习俗的遗风，而后者是为了驱疫辟邪。

"跳神"是世俗化与戏剧化的结合体，独具风情，人文色彩浓烈。最后一天的"吃拉扎"活动，大家品新麦，尝新酒，邻里乡亲祥和欢乐，让"拉扎节"节变成了一个狂欢节。它既是乡民百姓的一种文化需求，与现代文化交错并存，又是规范纲常伦理、行为礼仪的需要，其间表演出来的"神性"被人性渲染得更有血肉。

"拉扎节"可以说又是一个敬老节，各村的请神仪式以及随后的整个活动过程中，村里的长辈不但披红挂彩，还受到款待，年轻人忙活送水添茶，好吃好喝奉上。"会首"（在这里"会首"是整个仪式的组织者）还必须在仪式的每一个环节向老人们请教，而且要他们率先祭拜，然后才由"法师"跳神做法，酬神祈报，驱鬼纳吉。"拉扎节"就是在敬老又敬神的过程中代代相传，这也许是这种民俗文化得以彰显延续的一个重要缘由。

在过"拉扎节"的地区，一社有一个本庙，每个自然村又有自己的分庙。本庙祭祀的神都是"九天圣母"（太乙原君），分庙则根据传承分别祭祀着自己的官神。官神有八位，它们是常爷、金爷、龙爷、廉洞爷、显神爷、二郎爷、白马爷、索爷。第一天各村把自己的官神请下分庙，一路抬着穿过村庄，几个村子的官神"团聚"在一起，到戏台看过大戏，再浩浩荡荡上本庙集合，各安其位，与"九天圣母"相聚一晚，第二天再各回各家尽守护村子的"职责"。

关于为什么要祭祀"九天圣母"，传承人也说不清，就是祖辈这么传下来了。关于"九天圣母"有两种说法：一说就是把"九天玄女"称为"九天圣母"；二说"九天圣母"就是唐朝李揆尚书的母亲，据传承人讲，她的娘家就在国都设在宕昌的古宕昌国一带，这与唐朝关于"九天圣母"的老家也在这一带的记载不谋而合。

无论是巧合还是事实，都指向一个历史概念，那就是"拉扎节"的来历和祖居这一带的羌、藏族不无关系。虽然到了宋熙宁开边时吐蕃退出了这里的农耕区，但是，风俗遗留了下来，与当地汉族的本土宗教、风俗节庆融合并不断演变，吸收佛、道诸文化元素，形成了今天的"拉扎节"。关于"拉扎节"的来历说法不一，但是与所有"傩祭"一以贯之的"愉神"精神一样，节庆仪式充分表现的都是人神共愉。

经临洮县申报，2006 年 9 月 30 日甘肃省人民政府批准"拉轧节"列入第一批甘肃省非物质文化遗产保护名录。

　　"拉扎节"的"迎神下架"。各村的迎神队伍浩浩荡荡，在"会首"引领下，抬着村庙供奉的守护神——山神，途经村庄，请往几个村子共同的本庙。羊皮鼓、唢呐一路"通告"，沿途村民设坛、燃放鞭炮迎神祈福。

　　一年一度的"拉扎节"作为一种民俗文化现象，不仅是在特定季节敬祭山神、祖先，驱鬼逐疫的宗教仪式，更是一个人神狂欢的节日。

　　"拉扎节"中的祭祀仪式。此时，村庙院地设坛扬幡，燃香点烛献牲，"法师"身穿法衣，头戴"麻头"，手执羊皮鼓，欢快又有些庄重地击鼓、扭步、舞蹈，口中唱念祷词，虔诚祈求神灵保佑五谷丰登、民众乐业，仪式隆重而热烈。

　　庙外庙内，人神互通，人性、神性在庆丰收的欢乐中都得到一种释放。

RELICS OF PROGNITORS 先民遗风 | **68**/69
Nuo culture of the upper 黄河中上游傩文化
and middle reaches of Yellow River

　　祭祀仪式一直延续着"一年一小祭、三年一大祭"的规定。小祭延续一天一夜，直至送走"黑神"——瘟神，方告结束。大祭延续三天：第一天设坛请神；第二天"节日天"为祭神，这天晚上要送火（送瘟神）；第三天是完神，请"司公"跳护神，请善奶奶念嘛呢经。

各村的"请神"队伍由"会首"率领，几位老人手持箫管、唢呐走在最前面，跟着的是"司公"（"法师"）和村里德高望重的老人组成的队伍。老人披红挂彩，随后是数十个年轻人，分别手执三角旗和古代兵器，为"神"开道。最后是按辈分、年龄排列的旗手及头戴红缨帽的锣手。

　　"会首"们在锣鼓伴奏下，踏着舞步缓缓向前行进，营造着庄严肃穆的气氛。"会首"队伍每到路口或桥梁处要狂欢一番，意为"过关"，整个队伍由上百人或数百人组成。

　　过"拉扎节"的风俗至今不衰，最为村民们所看重，现在汉族人过的"拉扎节"还可以说一个敬老节、狂欢节、收获节、饮食节……不同乡镇过"拉扎节"的形式也略有不同，比如渭源峡城乡就沿袭了藏人"祭山神"的节日，分春秋两季祭祀。春季庄稼播种完毕、禾苗出土时祈神保佑田禾免灾，苗壮生长，称"春祈"，又名"打青醮"，一般在农历三月至四月间举行，要向山神献牲祈祷。秋季庄稼收割完毕，拉运上场，要酬谢山神，献牲跳舞，称"打黄醮"。

　　峡城的每个村庄都有山神庙，庙虽大小不等，但庙中均有画像，一年到头香火不断。

RELICS OF PROGNITORS 先民遗风 | **72**/**73**
Nuo culture of the upper
and middle reaches of Yellow River 黄河中上游傩文化

　　"拉扎节"中的"法师"，当地称作"司公"、"司公子"，他们在祭祀仪式中，也有和青海同仁地区的"拉哇"（"法师"）相同的"穿口钎"、"上臂钎"的仪式，仪式之后法师手持彩旗跳神舞，舞步矫健，铿锵有力，既是驱邪，也有"接引"神灵的意思。

RELICS OF PROGNITORS
Nuo culture of the upper
and middle reaches of Yellow River　黄河中上游傩文化　**74**/75

　　"拉扎节"之所以出现历时三个月这种马拉松式的时间安排，是因为它其中最重要的祭神活动占据了大量的时间。祭神要请"法师"，但是"法师"人数有限，忙不过来，而各村子的祭神时间必须由"法师"来定，"法师"不能及时敲定时间，各村祭神的时间也就参差不齐，整个"拉扎节"拉得很长。

　　"法师""跳护神"被称为跳"法拉"。"法拉"是藏语的音译，意为"神汉"。"法拉"作为人与神的"中介"，在神灵"附体"后，他代神说话、下圣意。"法拉"跳神时，手持钢制古戟，两腮插上两支长 20 厘米、宽 1 厘米的刃钎，绕场蹦跳作舞。也有将钢钎插在双鼻孔、双耳、双肩、双奶头、舌头上，被称为"十二钢钎"。

　　第一天设坛"请神"，是本庙迎请各村守护神到本庙相聚，"神轿"由 4 个年轻力壮的人抬着，1 人鸣锣开道，沿途焚香化表，燃放鞭炮。
　　请神队伍把神请到本庙后，要举行"搭头"、"报喜"等仪式。"搭头"主要是向宗庙供奉的最大神——"九天圣母"禀报参加跳"拉扎"的村庄、人数及办会的目的。"报喜"是向"九天圣母"报告今年五谷丰登、人畜兴旺、村寨平安。

　　进入亢奋状态的"法拉"，上了口钎后就不再说话，时而凝视前方，时而张臂向天，动作夸张，嗓子里发出一些含糊不清的声音。从他们各种怪异的表情上可以看出他们在和神灵"沟通"，报告世俗人事，接领"神谕"。

　　"法拉"在神庙内神像前"穿口钎"、"上臂钎"，模拟用刀放血，这和青海同仁藏族"六月法会"中"法师开山"一样都应该是羌、藏族上古原始巫祭的遗风。通过这种仪式用血肉之躯"悦神"，让神灵附体，人神"通灵"后，便能祈求神灵降福，保佑一方百姓平安，来年风调雨顺，田地有个好收成。

RELICS OF PROGNITORS 先民遺風
in culture of the upper
and middle reaches of Yellow River 黃河中上游佛文化遺韻

80/
81

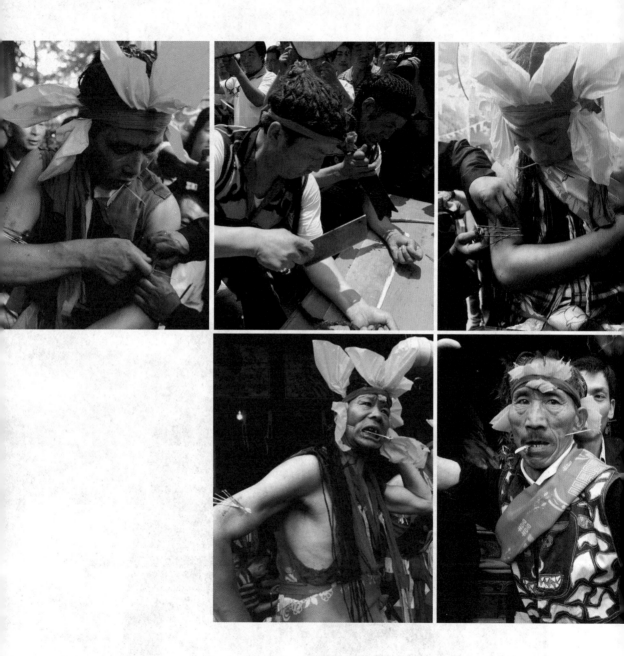

　　按古老习俗，过"拉扎节"仪式隆重，首先是"奉粮粑"，就是村民从全村庄稼中挑选穗头最大最长，籽粒最饱满的优良小麦、青稞、大麦等束成把子，奉献在"五谷神"香案上。同时杀鸡宰羊献牲，请"法师"跳神，报答神灵，去寺庙焚香点蜡，浇奠叩头，请"五谷神"尝新。

　　"法拉"跳舞向神献祭，并手执神刀，跑到幢幡前向宝盖、钱粮及帐前供物各击一下，随后他人将上述供物取下焚烧。

　　"法拉"向村民宣示"神谕"：今天某村跳"拉扎"设下神坛请我来，我心里喜欢，钱粮已收下。今后你们安心崇奉神灵，保佑你们村子年年风调雨顺、五谷丰登、人畜平安！此时人们呼号应和，以示接受"神谕"，感谢神灵保佑。

　　神灵附体进入亢奋状态的"法拉"。目光呆滞，动作粗犷有力，腾挪蹦跳，仿佛身体不属于自己的，一些令人惊异的高难度动作不时出现，这是在向神灵献舞。

RELICS OF PROGNITORS 先民遗风
Nuo culture of the upper
and middle reaches of Yellow River 黄河中上游傩文化 | **86**/87

　　各村请神上本庙的过程既是一种仪式，又是一场"表演"，把人神两界的"快乐"演绎得淋漓尽致。

　　本庙一般都在山的高处，长长的台阶让"九天圣母"多了些尊严。各村的守护神到了本庙要先在高台下空地上的祭坛前"休息"，乡亲百姓焚纸上香。

　　这时为请神队伍鸣锣开道的人要到庙里向"法师"通告，"法师"向"九天圣母""请示"，耳语一番，决定要来的山神坐什么位置、什么时辰到，然后念咒作法，赶走"调皮捣蛋的小鬼"，安顿好迎接的队伍，这才持旗跑下长长的台阶向到来的神"通报"。

　　在等待"法师"通报的间歇，人们会把"神轿"高高抛向空中，为的是让"神"高兴，不要因为等待烦躁。人群鼎沸，欢呼雀跃，这是最好的"悦神"的方式。

"法师"作法，请求神灵降福，得"恩准"，拿出"令箭"，代神发号施令，在激烈的鼓声中将"令箭"射出。

RELICS OF PROGNITORS
Nuo culture of the upper
and middle reaches of Yellow River 黄河中上游傩文化 | **90**/91

　　得令的"法师"用锅底灰画"脸子"，口含野猪獠牙，在院子各个角落寻找着什么，每找一次，就跑回场地中间，跳上桌子对着"令箭"射出的方向做出各种怪异的舞蹈造型动作，如此循环往复十数次。

　　随着羊皮鼓声的节奏不断加快，"法师"的舞蹈动作也越来越激烈，整个身体亢奋起来，进入癫狂状态。

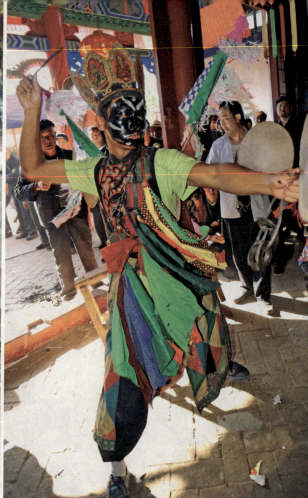

　　"拉扎节"其间的跳神活动,常常罩上一层世俗化与戏剧化的人文色彩,让整个节日浸淫于崇敬和感恩的氛围之中,它既迎合了最广大民众的文化心理需求,又与现代文化交错并存,这是这种文化民俗风情得以彰显延续、代代相传的群众基础。

　　关于"拉扎节"的来历学界众说纷纭,当地的民间传说是这样的:

　　相传很早以前,在风景秀丽的紫松山下有座藏族山寨,寨子里有一个少年叫拉扎。拉扎小小年纪,非常聪明,天天赶着羊群到山中去放牧。有一天,拉扎发现一条娃娃鱼从小溪里爬出,一个劲儿地往树尖上爬,干干的山岩上汗珠淋淋,一会儿大雨就哗哗地下了起来。奇特的自然现象引起了小拉扎的疑问,于是,他每天对山里的情况进行仔细观察,什么鸟儿叫天气晴朗,什么虫儿活动频繁天要刮风下雨。久而久之,拉扎掌握了一套十分准确的天气变化常识。拉扎除牧羊外,还要帮助爹娘务庄稼。

　　有一年正是青稞黄熟的时节,拉扎在山里放牧的时候注意到有一群乌鸦,天天傍晚在寨子后面的林子里"呱呱"鼓噪。根据经验他立刻告诉乡亲们,不久将有冰雹降临。待大伙儿刚刚收割完地里的庄稼,鸡蛋大的冰雹就一股脑儿

地砸了下来，乡亲们种的青稞秋毫无损，避免了一场大灾难。拉扎会测风知雨的消息被当地土司知道了，无恶不作的土司打发管家叫拉扎去他的庄园里种庄稼，以避免暴雨袭击他家的庄稼。拉扎想起平日土司在寨子里作威作福，欺压百姓所做的坏事，就表面装着很老实给土司种庄稼，却暗暗寻找机会要狠狠教训一下土司。有一天，土司庄园里的庄稼全部上场准备打碾时，土司问拉扎："今日天气怎么样？"拉扎若无其事地回答道："太阳晒破脸哩！"于是，土司就驱使着奴隶们在麦场上摊开庄稼打碾。谁知一场的庄稼刚碾乱，只见乌云翻滚，暴雨倾盆，漫山的洪水一下子将土司场上的粮食冲得无影无踪。土司知道拉扎愚弄了他，非常恼怒，下令爪牙们把拉扎抓来，一顿乱棍打死了。拉扎死后，变作了一只双音鸟。每天早上寨前大树上鸟儿发出"拉扎——拉扎——"的叫声，乡亲们就知道今天是好天气，要是发出"土司——土司——"的叫声，就知道要刮风下雨。乡亲们根据拉扎鸟的叫声，晴耕雨歇，十分灵验。人们怀念拉扎，每年庄稼收获后，每个村庄都要举行跳神祭祀拉扎。

现在，大家破除了迷信，转变了观念，把传统的"拉扎节"变成了庆丰收的节日。

　　三个月的"拉扎节"又称为"过拉扎"、"吃拉扎",或叫"吃节令"、"过节令",在部分地区有些像农民们粮食收获后的"收获节"。在渭源县城周边,每年农历七月十二叫"麦蝉节"或"麦尝节",过此节时,几乎家家户户都用新麦面烙一种像蝉一样的"麦蝉儿"饼食用,意思是品尝新麦面或暗示此时为秋蝉鸣啼之时。

　　辛勤劳作了大半年,庄稼上了场,丰收在望,趁着闲暇,邻里乡亲们欢聚在一起娱乐,沟通情感,庆贺丰收,互祝吉祥幸福。以跳"拉扎"的形式,通过说唱论古道今,赞颂先民艰苦创业的英雄事迹,鼓励后人面对严酷的生存环境,更应坚韧不拔地勇往直前,从而达到促进民族团结、增强群体意识的目的。

　　人们在一年一度参与"拉扎节"的过程中,能够从各个环节耳濡目染地遵从一种文化规范、伦理道德的约束,形成代代复制传承的模式,不断为"拉扎节"注入延续和发展的动力。

　　"法师"跳起,一把将帐篷顶上的彩色纸幡扯断,现场的人们纷纷争抢纸幡。这是一份神灵的赐福,人神此刻一起狂欢、娱乐。

　　得到"神示"的"法师"突然举起手中的羊皮鼓,双目圆睁,对着远处喊叫着,跳下桌子,朝院外奔去。

　　他在田地里抓住一只鸡,不由分说,对准鸡脖子咬下去,一口就将鸡脖子咬断,一路狂奔回到院子,将咬断了脖子的鸡献在神庙的祭台上。

　　以此来讨得神灵的"欢愉"。

RELICS OF PROGNITORS 先民遗风 | **96**/97
Nuo culture of the upper
and middle reaches of Yellow River 黄河中上游傩文化

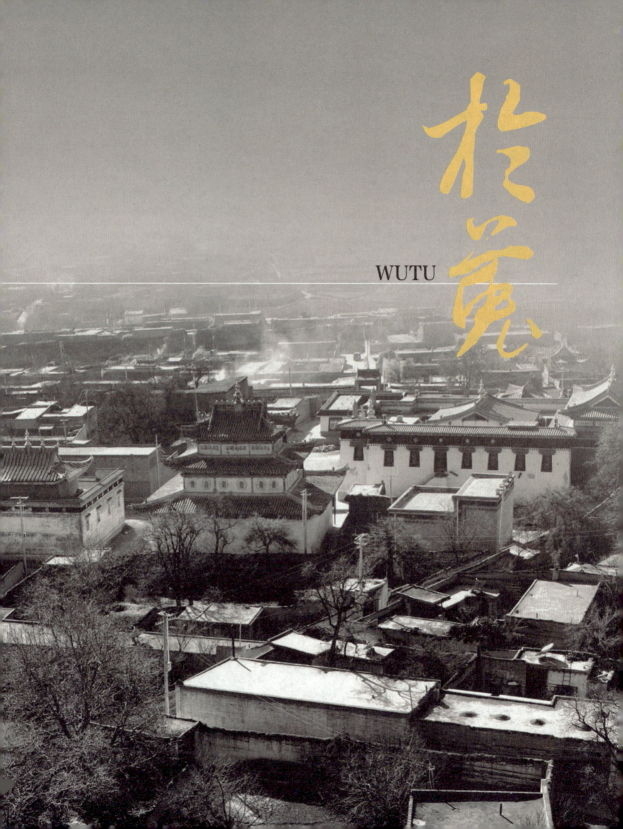

枉兔

WUTU

年都乎村，一个有343户人家、1400多人口的土族村寨，每年农历十一月二十日开始，这里就要上演一出让人类学家兴趣盎然的大戏——跳"於菟"。"年都乎"的村名是藏语，意为"霹雳炸雷，消除魔孽"。

　　这个位于青海省黄南藏族自治州同仁县境内隆务河谷中段的小村子，和周边的吾屯、郭麻日、尕撒日都是闻名海内外的唐卡艺术之乡。年都乎的土族信奉藏传佛教，同时又完整保留了自己的原始宗教祭祀活动，文化的融合在跳"於菟"中体现得淋漓尽致。村庙里供奉着他们的守护神——二郎神，同时还供奉着四位地地道道的藏区之神，其中就有阿尼玛沁山神。

　　"於菟"在古汉语中是"老虎"的意思，青海年都乎村把挑选出来跳"於菟"的年轻人化装成老虎、豹子的样子，由既是"法师"又是传承人的"拉哇"驱赶着进村入户，驱魔逐邪。这和甘肃文县铁楼山上"白马人"的"池哥昼"有很多相通之处。

　　跳"於菟"不是民间节日中的虎豹表演，而是一种祭祀仪式，有着浓郁的原始宗教色彩，是傩祭的一种。整个仪式过程，表达了来自上古时期祖先的心理经验和对自然的认知方式，是万物有灵的宗教观念在土族世俗生活中的遗存，是极具人文价值又很独特的文化现象。"於菟"舞的节奏与舞蹈语汇相对单一，应该属于一种原始拟兽舞的演化。

　　拟兽舞与原始人的狩猎生活紧密相连，是原始舞蹈中最常见、最有代表性的舞蹈形式。而年都乎土族的"於菟"舞则完全失去了狩猎生活的那种功能，成为当地民间祭祀活动中的重要内容，它的全部意义是"驱魔逐邪，祈求平安"。

　　农历十一月二十日，相传是土族的"黑日"，妖魔鬼怪会在这天兴风作浪，所以一定要在这一天借助诸神之力，由"老虎"、"豹子"到各家去驱魔逐邪。"於菟"有7名，装扮成老虎的4名，豹子的3名。

　　跳"於菟"的头天晚上，"拉哇"把选出来装扮"於菟"的年轻人聚集到二郎神庙，在摆满祭品的神坛前围坐一圈，打卦提问，答不上的则罚讲笑话或者唱歌，通过轻松的娱乐方式给"於菟"们传授跳"於菟"的相关知识和土族的历史传说。

第二天一大早，在山神庙内的院子里，由本村的化妆师用锅底黑灰和黑色墨汁将扮"於菟"的年轻人面部画成虎头状脸谱，赤裸的上身画成虎皮斑纹，腿部则画成豹皮斑纹，背部呈水纹状。头发上扎如刷，朝天立起，模仿老虎狂怒状。整个化妆要用两个半小时，化妆完毕后，"拉哇"带领"於菟"们向山神跪拜，向"於菟"们传达神的旨意。"於菟"们被神"赋予"神力后，就成了驱魔逐邪的神虎，便已经是神的代表了，"於菟"不再与人讲话。听罢"拉哇"诵经，"於菟"们来到煨桑台前围圈跳一段叫"邦"的祭祀舞蹈，以示神力。做完"邦"，"拉哇"击鼓敲锣出庙，"於菟"们向大门走去，围着二郎神庙外的一座祭坛跳舞，只转一圈，鞭炮炸响，五只小"於菟"冲出围看的人群，连蹦带跳跑下山坡，朝村中奔去。"拉哇"赶着两名老"於菟"沿山间小路跳着"於菟"舞步下山进村。

　　这时家家院门紧闭，院内摆放着煮肉、馍圈、酒、果品等各种食物。五只小"於菟"分两路翻墙入院，进院后不断在各房间跳来窜去，见肉就叼，见馍就拿。在村民们看来，"於菟"从谁家拿走或吃了任何东西，都被认为是带走了隐藏在自家的妖邪，预示着来年人畜平安、吉祥。小"於菟"们必须翻墙越院，跑遍每家每户。同时，"拉哇"敲锣打鼓，赶着两名口中叼着生肉的老"於菟"以"垫步吸腿跳"的舞步穿过街巷，防止妖邪逃走。站在屋顶的村民们则把馍圈套在他们手中的长杆上，让"於菟"将一年来藏在家里的邪疫妖魔带走。

　　经过近两个小时的仪式，"於菟"们转完整个村子，两路"於菟"和"拉哇"在村中老城东门汇合。炮声乍响（原来是鸣枪），"於菟"们快速冲向隆务河边，用彻骨冰水洗去全身的虎豹纹，也把他们带出来的"邪气"一并洗去。再把一部分馍圈和供品倒进河里，以敬河神。

　　"拉哇"在河滩上诵经焚纸，燃起火堆，将妖邪彻底烧尽。"於菟"们洗净全身后，穿起衣服暖身，带着村民的供品，手持串满馍圈的长杆，跳过火堆，彻底阻断邪疫妖魔回村的路。至此，整个祭祀仪式全部结束。

　　关于"於菟"的起源目前学术界分歧很大，有"楚风遗留"说、"羌族崇虎"说、藏族"苯教"说等，在此不作讨论，当你阅读了影像之后，也许会有自己的观点。

　　年都乎村供奉二郎神的神庙，在跳"於菟"仪式开始前的几天，就已整理得干干净净，村民们呈上祭品潜心供奉。年都乎村跳"於菟"直接的目的是带走躲藏在村民家中的妖魔邪疫，同时也在祈求来年的安宁和吉祥。

　　跳"於菟"，即跳"老虎"，年都乎村也因此成了人类文化学的考察地。为何这里的土族每年都要跳"於菟"？为何他们不跳其他动物而非要跳"老虎"？这是因为土族继承和保留了古羌族"崇虎"、以虎为图腾的遗俗。古羌部族认为老虎可以驱除一切邪恶、疾病，给人们带来新一年的吉祥和平安。

RELICS OF PROGNITORS 先民遗风 | **104**/105
Nuo culture of the upper
and middle reaches of Yellow River 黄河中上游傩文化

　　头天晚上，挑选出来装扮"於菟"的年轻人聚到神庙，"拉哇"（"法师"）阿吾用桃木做的卦木确定谁来猜谜语，或者回答关于祖先传说和跳"於菟"的知识，回答不上，就要唱歌或者跳舞。看似一场游戏，在欢乐的气氛中，"拉哇"就已经将知识传授给了年轻人。

RELICS OF PROGNITORS
Nuo culture of the upper
and middle reaches of Yellow River 黄河中上游傩文化 | 106/107

　　高原的冬天虽然阳光明媚，但是依然寒冷彻骨。装扮"於菟"的青年赤裸身体，本村的"化妆师"往他们身上涂抹香灰打底。

　　跳"於菟"舞的7名男青年，在神庙的院子里，脱光上衣，将裤腿卷到大腿根部，赤身露腿，用红辣椒面和煨桑台中的炉灰涂抹全身，画上虎纹和豹纹，装扮成祖先传下来的"於菟"形象。

　　用灰涂身隐蔽起人的本相，以一种怪异凶猛的形象去驱魔除疫，这符合古人的心理定式。

这里是著名的唐卡绘画之乡，可以说人人都是画师。给"於菟"化妆，很像人体彩绘，本村专业的"化妆师"用了两个多小时就全部画好了。"於菟"们腰上用红布带缠束，插挂上腰刀，只等着"拉哇"装扮好后举行神灵附体的仪式。

RELICS OF PROGNITORS 先民遗风 | 110/111
huo culture of the upper 黄河中上游傩文化
and middle reaches of Yellow River

　　阿吾是年都乎村的"拉哇"。"拉哇"是藏语安多方言中对"神汉"的称谓。"拉哇"在祭祀活动中代神行事，是整个跳"於菟"活动的组织者和主持人，任何人不能替代。

　　阿吾做年都乎村的神职人员是祖传的，他父亲是年都乎的老"拉哇"，几年前去世了，阿吾继承了"拉哇"一职。装扮停当的阿吾，头戴五佛帽，胸前飘动着一条哈达，他要尽量拿出些威严庄重来。

　　阿吾原来在县供销社工作，做了"拉哇"后就离开了，平时与妻子一道做唐卡堆绣。他家门前的经幡旗杆顶上，用华盖做装饰，这是本村"拉哇"家的标志，其他人家的经幡上不能有华盖顶。

　　高原的寒冬，室外气温多在零下十几、二十几度。"拉哇"招过 7 名赤裸身体的"於菟"在大堂门前列队，刚才还喧闹的"於菟"们，全部安静了下来。"拉哇"打开一瓶酒，逐一给"於菟"美美地灌上几口。"拉哇"向"於菟"们传达"神"的旨意，"赋予""於菟"神力后，他们便不再与人讲话，就成了驱魔逐邪的"神虎"，已经是"神"的代表。

阿吾装扮好后，就成了人们心目中"拉哇"的形象，他会严格按照规矩履行仪式的每个环节：煨桑、念经、敬酒、敲钟……与神灵"沟通"，最后宣告祭祀正式开始。

"於菟"们双手有力地握着两米多长的幡杆，纸幡在凛冽的寒风中飘舞，用剪纸工艺做成的白纸幡扎在杆顶，纸幡上书写着镇邪之意的经文。过去还要准备洗净的羊肠子，吹满气，挂在"於菟"的脖子上，现在省去了。

有了神力的"於菟"跳着"邦"的舞步，左右摇摆着来到神庙前的院子，围着祭坛跳舞。舞步单调而缓慢，在他们跳完一圈后，鞭炮炸响。其中5名小"於菟"便向山下跑去。

RELICS OF PROGNITORS 先民遗风 | **116**/117
Nuo culture of the upper 黄河中上游傩文化
and middle reaches of Yellow River

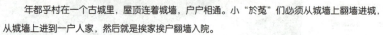
年都乎村在一个古城里，屋顶连着城墙，户户相通。小"於菟"们必须从城墙上翻墙进城，从城墙上进到一户人家，然后就是挨家挨户翻墙入院。

RELICS OF PROGNITORS 先民遺風 | **118**/119
Nuo culture of the upper
and middle reaches of Yellow River 黄河中上游儺文化

各家各户紧闭院门，是不让躲藏在家中的妖魔逃走。经过近两个小时的驱魔，两路"於菟"和"拉哇"在村中老城东门汇合。

村民们纷纷献上用杆串着的馒圈，因为"於菟"不可能进入所有的人家，"於菟"接了馒圈也算是带走了每家的灾难与不幸。这种馒圈用厚生铁模盒放在草木灰中烤熟，可以存放 3 个月之久。

参加了跳"於菟"的人可以免去一年里集体的重体力公差，比如打墙、挖水渠等。

东门口已聚集了许多村民和参观者。"於菟"跳得很卖力。有人再次给每位"於菟"灌了酒，这也是一个老习惯，给"於菟"一个信号——很快就要"放枪"（燃放"二踢脚"炮仗）了。

院墙高大的人家，会搭上梯子，方便小"於菟"进出。两只大"於菟"在"拉哇"的驱赶下，跳着舞步，沿街巡逻，防止妖邪逃走。

　　进入人家的小"於菟"们尽情享用主人早已准备好的酒肉，吃喝够了，还要拿走一些。如果家中有疾患的人，见"於菟"到来时都要卧地让众"於菟"从身上反复跨越数次，以驱除身上的病魔，期望能早日康复。

　　村民们纷纷从屋顶给在街道上巡视的"於菟"手中的长杆上穿上馒圈，因为"於菟"不可能进入所有的人家，"於菟"接了也算是带走了每家的灾难与不幸。馒圈用杆串着。这种馒用厚生铁模盒放在草木灰中烤熟，可以存放3个月之久。

　　"於菟"跳得很卖力。一般参加了跳"於菟"的人可以免去一年里集体的重体力公差，比如打墙、挖水渠等。东门口已聚集了许多村民和参观者。有人再次给每位"於菟"灌了酒，这也是一个老习惯，给"於菟"一个信号——很快就要"放枪"（现在是燃放"二踢脚"炮仗）了。

　　高原的冬天把"於菟"嘴上叼的生肉冻得硬邦邦，嘴里叼生肉这个细节应该更接近"於菟"习俗的古老版本。两路"於菟"汇合时，村民们齐放鞭炮，"於菟"与村民们一道欢呼驱魔逐邪的胜利。

RELICS OF PROGNITORS
Neo culture of the upper
and middle reaches of Yellow River　黄河中上游傩文化 | **124**/125

　　"二踢脚"炮仗响起，"於菟"奔到结冰的隆务河边，用冰水洗去身上的虎豹纹。

　　这一天晚上，"於菟"的扮演者一律不能回家，以免把"驱鬼逐魔"后的污蚀之气再带回村里。以前他们在隆务河边的水磨房里度过一夜，现在一般到山神庙过夜。

　　目前学术界关于"於菟"的起源分歧很大。有"苯教说"，认为它是藏族原始苯教的遗风；有"楚风说"，认为楚地崇尚老虎，"於菟"来自楚地。这两种说法似乎都有一个共同的漏洞：假如是苯教遗风，那么为什么在苯教重要流传地区没有跳"於菟"的现象；假如是楚风遗留，为什么单单只在年都乎村出现。年都乎村村民绝大部分信奉藏传佛教。主要寺院年都乎寺是格鲁派佛院，寺中有本村的保护神。

　　但汉地文化也有明显的影响。比如门神，比如全体村民以二郎神为全村的保护神。相传二郎神在天庭主管库房，因库房失窃被贬下界，玉帝命其连夜向西行走，二郎神正好在天明时分来到年都乎村。这个传说有明显的汉文化色彩。然而，二郎神庙中的另外四位山神又都是藏区供奉的山神，包括阿尼玛沁山神。

　　现在已有相当一部分学者倾向于"於菟"是古羌遗风说。因为古羌人崇拜老虎，尤其是今天四川、云南的纳西族、白族、彝族，这些与古羌人有血缘联系的民族崇虎现象尤甚。

　　让人惊讶的是，云南楚雄著名的彝族哀牢山跳虎豹习俗与年都乎村跳"於菟"的文化基因如出一辙。只不过哀牢山跳虎豹已衍化为孩童担当驱鬼除病的角色。双柏县的另一个彝族村寨跳虎豹不仅由成人担当，而且人数是 8 人，这与年都乎村原先跳"於菟"的人数是一致的，跳虎豹的时间也是冬季。

RELICS OF PROGNITORS
Nuo culture of the upper
and middle reaches of Yellow River 黄河中上游傩文化 | 126/127

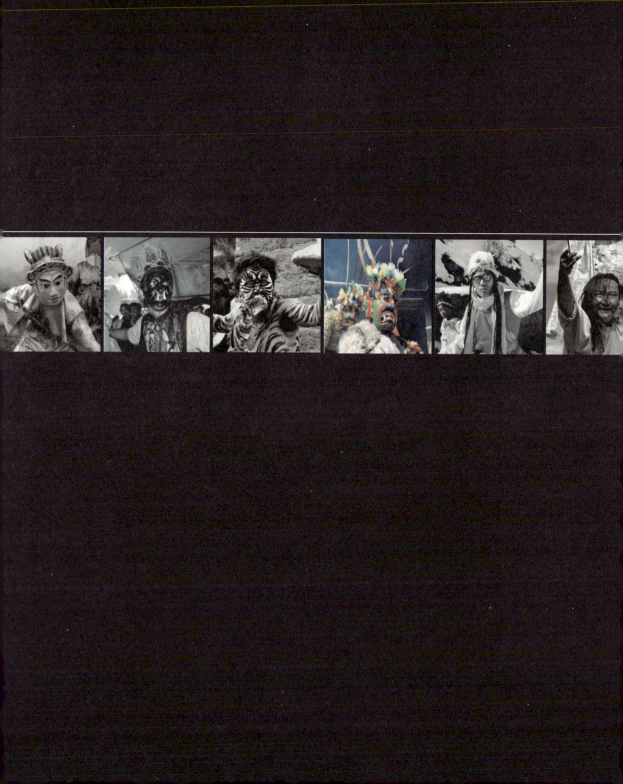

CHIGEZHOU 池哥昼

沧海桑田，人类顽强地将自己的文化在自然和历史的演进中代代相传，甚至以某种"密码"的形式延续着，血脉不断，在合适的时间就会"显影"。甘肃文县"白马人"一年一度的"池哥昼"，应该是"白马人"为纪念族人迁徙到这里的那段历史而举办的。

　　据专家学者对各种文史典籍的考证，以及流传至今的祖先传说和田野考古证明，基本可以确定文县"白马人"是曾经建立仇池国并延续了500多年的古氐人的后裔。之所以现在被称为"白马藏族"，是因其毗邻藏区而居，且族人世居地有白马河而来，他们又自称为"白马人"。新中国成立后，在1956年进行民族登记时，就登记为"白马藏族"了。其实，他们的语言、服饰、信仰、崇拜均与藏族相去甚远。现在，大家依然说自己是"白马人"，其族源在学者和他们自己的说法中，就暂且成了公开的"谜"。

　　相传在"白马人"向北迁徙过程中，有四兄弟、两个媳妇和一个小妹，走到四川境内，筋疲力尽，饥饿难当，投宿一户人家。小妹和这户人家的小伙子相爱私奔。"白马人"当年有严禁和外族通婚的禁令，小妹因此被开除族籍。后来小妹生了孩子，思念亲人，不远千里，长途跋涉，带着丈夫、孩子又回到白马山寨。

　　"池哥昼"就是讲述这九个人的故事，也是祖先艰难迁徙的历史。随着时间的演进，这段历史的演绎就逐渐变成了一套完整的宗教仪式活动，它既是形象地讲述祖先传说的仪式，又是愉神祈福的宗教祭祀活动。进行仪式时，人们戴上面具，亦舞亦祭，应该属于傩祭的范畴。这里虽然地属长江流域，因为古道路交通与黄河上游勾连相通，也就将"池哥昼"列在本书的观察范围。

　　"池哥昼"作为宗教祭祀活动，所表现出的是敬神和祈福，而不是"驱邪"。这一点和青海同仁的"於菟"和"六月法会"、甘肃永靖的"傩舞戏"、渭源的"打西蕃婆"似乎同出一脉，都是通过代代相传的仪式化过程"愉神祈福、人神共愉"，对诸神表达敬意，对存在于人间的祸、害、妖、邪，通过制作的一种介质（类似供品）带走，而不是简单地视为异类进行"驱"。这就是上古民族原始信仰的核心，和他们对诸生灵的态度，包括神、鬼，无论是送福降灾、报喜惹祸，都视它们为和人一样的"生命"，无处不在，平等相处，都值得尊重。

　　按"白马人"本民族约定的规则，"池哥昼"活动从每年农历正月十三日在白马河第一大村寨麦贡山开始，依此由东向西，大村寨两日，小寨子一天，十八日在迭部寨结束。

从"池哥昼"完整的过程来看，其实正月十二就已经开始了。这天，白马各村寨族长聚集到麦贡山，由当年的"会首"主持召开村民会议，确定当晚到山神庙祭祀的时间，商议确定"池哥昼跳手"人选以及如何接待回乡的族人和客人等一应事宜。

正月十三一早，各村寨男女老少都穿上了"白马人"的节日盛装，三五成群，兴高采烈，聚集到村寨大场。麦贡山高处残雪斑驳，白马河水在融冰下静静流淌。大家认真地审定"跳手"们的预演是否合格，大约1个小时左右，预演结束。"会首"和各村寨族长最后确定正式的"跳手"后，大家便开始装扮，装扮好后集中到山神庙正式戴上面具，等待"三眼铳"的三声鸣响。

阳光洒在整个麦贡山的残雪上，在隆冬时节，多了几分柔软的暖意。上午9点多，"三眼铳"响起，"池哥昼"活动正式开始。

"池哥昼"的舞蹈队列，统称为"池哥冒"，一般由9人组成，均为男性。其中4人扮成山神，叫"池哥"，为4弟兄，象征白马人祖先达嘎、达玛的4个儿子。两人扮成"菩萨"，也叫"池姆"。两人扮成夫妻，又叫"池玛"，还有一个十多岁的儿童扮成"猴娃子"。

"池哥冒"从指定的村寨高处跳出，盛装的青年男女、孩子跟在后面，进村入户。"池哥冒"按世俗规定的路线，一户不漏地到各家去祈福，通过一系列仪式带走邪疫妖魔。"池哥冒"离开时，主人家要送一升咂杆酒粕，"会首"接受后装在一个随身背的木桶里。还要送一个大馍、一吊熏肉，"猴娃子"收上。这些酒、肉、馍在正月十七"池哥昼"结束时，会供全寨子的人在大场里喝团圆酒，吃团圆馍，食团圆肉。

每家每户重复同样的仪式，每个村寨重复同样的过程，跳完以后，面具、服装、道具等要送回山神庙，由当年的"会首"负责严格保管，平时不能随便将面具拿出来，也不能随便跳"池哥昼"，直到来年正月十二的夜里，择吉时指定村民杀鸡敬神后再移交给新的"会首"。

　　白马语称面具为"池哥申耿"，文县"白马人"把所跳舞蹈称"池哥昼"、"池哥蹈"、"仇池舞"、"鬼面子"、"十二象"，四川平武"白马人"则称其为"曹盖"，把舞蹈队列统称为"仇池冒"。

　　"池哥昼"被人称为面具舞，它既是舞蹈，又是一项神圣的祭祀活动。场面庄重热烈，动作古朴豪放，气氛神秘，又充满了浓厚的娱乐色彩。

　　"池哥冒"装扮好后，"会首"带领大家向祖先跪拜，希望保佑"池哥昼"顺利举行。"池哥冒"不用跪拜，因为他们已经是祖先的"化身"。

　　随着"三眼铳"（自制微型土炮）对空鸣放三声，"咚咚嚓"，锣鼓骤然响起，宣布一年一度的"池哥昼"活动正式开始。

　　"池哥昼"开始起舞，身穿节日盛装的村民们跟在队伍后面唱歌跳舞，伴着铿锵有力的锣鼓声，欢快无比。队伍绕村一周后，来到村里最大的空地，绕着大圈，完整地跳一遍"池哥昼"，然后依规矩，自上而下，由东向西，挨家逐户而舞，就像给各家拜年一样。

RELICS OF PROGNITORS 先民遺風 | **134**/135
Nuo culture of the upper
and middle reaches of Yellow River 黄河中上游傩文化

　　"池哥"是"白马人"对"面具"的读音，"昼"意译是"跳"。"池哥昼"意思是"跳面具舞"。"池哥"也被当地人理解为"兄弟"，表达着他们对先人达嘎儿子们的尊崇和纪念。"池哥昼"也是纪念祖先装扮逃避战火北迁至此而沿袭至今的一种舞蹈形式。

　　关于"池哥昼"的这个来源，当地"白马人"是这样描述的：

　　早在两千多年前，氐人建立仇池国后，就被异族连续攻打十年多。国王眼看战事吃紧，就命令贴身侍卫头戴面具，装扮成野人，护送家眷和儿子武郡王逃离国都向北迁徙。一路上历尽磨难，改名换姓流落到阶州（武都）地界，后来，为了纪念先祖神灵和"白马人"生存的艰辛，"仇池舞"在阴平国（文县）境内的氐民中开始普遍跳唱，沿袭至今。

"白马人"有自己本民族的语言——白马语，但没有书写文字，也不使用藏语藏文。他们为了交流，会说相邻民族的语言。因此，"池哥昼"的传承是通过心传口授一代代传衍。主要是在"池哥昼"表演时向儿童传授。大人们唱歌、跳舞，娃子们就观察、模仿，慢慢地自然就会了，这和青海同仁藏族"六月法会"的传承方法相同。

　　"池哥昼"的道具是由村寨中专门的手艺人制作，主要以家族传承为主。道具依据《百神图》雕刻、制作，按"各神自有分工"的原则，有严格的制作过程和标准。

RELICS OF PROGNITORS
Nuo culture of the upper
and middle reaches of Yellow River 黄河中上游傩文化 | **136**/137

　　"池哥昼"历经两千多年传承至今，也许因了白马村寨地处偏远，交通阻塞，不受袭扰，也正是这个原因，使得因 2008 年"5·12"汶川大地震破坏的古老村寨和白马神庙的修复举步维艰。

　　白马神是白马人最重要的精神寄托。神庙倒塌时，白马人不约而同地感到悲伤与茫然，一位白马老年妇女曾告诉我："庙塌了，神就走了，心里觉得空空的，没了依靠！"失去了神的护佑的白马人现在总是觉得缺少安全感。

"池哥冒"中扮演夫妻的"池玛"。在整个"池哥昼"仪式过程中，唱说着"白马人"的迁徙历程和所遭受的苦难，在轻松和快乐中叙述着"白马人"的历史。

　　他们就是传说中的"白马小妹"和她丈夫，都是"白马人"传统的平常打扮，丈夫身穿麻布长衫，头戴草帽，妻子身着"白马人"妇女的日常装束，手持牛尾拂尘。脸上抹着锅灰的意思，据说是族人对白马小妹违背"禁止与外族通婚"的禁忌且私奔的蔑视。

　　见到他们的形象，一下就将人们从宗教仪式的神秘中拉回到了"白马人"的世俗生活和节日氛围之中。

RELICS OF PROGNITORS 先民遗风 | **138**/139
Nuo culture of the upper 黄河中上游傩文化
and middle reaches of Yellow River

　　调皮逗乐的"猴娃子"是"池玛"的孩子，脸上抹锅灰，身穿破衣烂衫，在"池哥冒"中的角色相当于戏剧中的丑角，说笑话，唱怪歌，队伍前后随意乱唱狂跳，喜乐无常，主要作用就是逗乐，增加场面的欢乐气氛。

　　他尽情表现着孩子的顽皮、天真和童趣，这也是现实生活中"白马人"对待生活的态度——无论遭受什么样的苦难，身处什么样的环境，永远保持快乐。

　　"猴娃子"顽皮过了头，受到父母管教，他就躺在地上耍赖。这是"池玛"和"猴娃子"演绎的《剥猴皮》，名字听起来有些不忍。其实，这是一个如何教育孩子的故事——孩子不能溺爱，犯了错一定要受到惩罚。整个表演诙谐幽默，每个人，哪怕是孩子都能明白其中表达的道理。

对摄影者来说，这些传承自久远年代的舞蹈、传说，也可能在历史的变迁中不断被演绎进很多时代的元素，但是依然让你感受到扑面而来的生发于历史深处的质朴和要传达给后人的信息。常常是你用熟谙于心几乎成为本能的摄影技巧试图真实地纪录的时候，拍摄出来的画面却很魔幻，甚至呈现出一种最现代派的画家都难以想象到的图像构成和后现代的影像气息。

面对这些影像，整理的时候，自己就变得谨小慎微，唯恐在裁减和取舍照片时丢失了那些来自祖先的信息。把这些照片从彩色"还原"到黑白，除去"浮光掠影"，在影像最初的黑、灰、白形式之下，是否能有更多的信息凸现在画面之中呢？

在长年拍摄这些民俗场景的过程中，始终存在"是最真实地记录还原场景的原初含义，还是表现场景当下所呈现的视觉冲击"这样的困扰。

影像的本质是记录，但是影像的表现需要审美。是否可以实现以某种影响的表达形式将场景的原初含义放大到视觉审美之中呢？

RELICS OF PROGNITORS 先民遗风 | **142**/143
Nuo culture of the upper
and middle reaches of Yellow River 黄河中上游傩文化

"池哥冒"队伍进入各户大门时，炮手用"三眼铳"先放"讲门炮"，通知主人。其实，主人早已做好了盛情迎接的准备。

主人鸣放鞭炮迎接队伍，"池哥冒"们随着锣鼓点跳舞进到院子，一路跳进正屋厅房，房中一字排开摆好了两张矮方桌，围桌摆一圈长条板凳。

"池姆"唱歌，"池哥"围桌凳跳上一圈，"安抚神灵"，然后落座入席。四位"池哥"坐上席，两位"池母"落侧座，接受主人的盛情款待。

屋外院子里，"池玛"和"猴娃子"用幽默诙谐、吉利风趣的话引逗大家捧腹大笑，表演没有固定的模式。

RELICS OF PROGNITORS
Nuo culture of the upper
and middle reaches of Yellow River 黄河中上游傩文化 **144**/145

　　主人很快为"池哥"和跟随队伍来的村民斟上一碗自酿的青稞酒，端上几盘肉菜，主人一番说辞，意思要"池哥"、"池姆"们别嫌弃，多吃些他们奉上的酒肉。然后由老人用白马语领唱白马人的酒歌，"池哥"、"池姆"们一起合唱，随着队伍来祝贺的村民也一起合着放声高歌，给"池哥"敬酒。"池哥"、"池姆"们尽情喝酒吃菜、唱歌，保佑主人在新的一年里阖家安康、万事如意。

　　"起身炮"响了，"池哥"、"池姆"们知道离开主人家的时辰到了。

RELICS OF PROGNITORS 先民遗风 | 146/147
Nuo culture of the upper 黄河中上游傩文化
and middle reaches of Yellow River

　　随着"起身炮"声在麦贡山间回响，扮演四位山神的"池哥"戴上面具，起身到院子里跳"金刚撵鬼驱邪舞"。

　　刚才还因为"池玛"和"猴娃子"的表演欢乐嬉闹的村民，一下就被带入了神秘、肃穆的宗教气氛中。

　　"池哥"跳完舞，点燃咒符纸，时而念念有词，时而大声吼叫，再用手里的宝剑到处敲打，用牛尾拂尘在厅房、灶房、院子里一扫一扬，将在主人家潜伏了一年的妖魔邪疫、不洁秽气——赶走。

　　"池哥冒"离开时，主人家要送一升唖杆酒粕，由"会首"装在一个随身背的木桶里，还要送一个大馍、一吊肉，由"猴娃子"收取。所收的酒、肉、馍，供全寨子里的人正月十七在大场里喝团圆酒，吃团圆馍，食团圆肉。

RELICS OF PROGNITORS
Nuo culture of the upper
and middle reaches of Yellow River 黄河中上游傩文化 | **148**/149

　　"池哥昼"是白马山寨的群体性活动，有固定的表演形式，以舞蹈贯穿始终。是"白马人"在对祖先的信仰和崇拜里继承下来的民族舞蹈和传统祭祀活动。它既原始古朴，粗犷豪放，又充满了神秘的宗教气氛和浓郁的娱乐色彩，集舞蹈、歌曲、音乐、说唱为一体，独具民族民间艺术特色，是研究傩仪不可多得的有着完整文本的"活化石"。

RELICS OF PROGNITORS
Nuo culture of the upper
and middle reaches of Yellow River 黄河中上游傩文化 | **152**/153

　　"池哥昼"一般由 9 人组成，均为男性。其中 4 人扮成山神，称作 "池哥"，传说是白马先祖达玛的 4 个儿子，人人头戴青面獠牙插有锦鸡翎的木雕彩绘山神面具，反穿羊皮袄，背负一串铜铃，足蹬牛皮靴，左手持宝剑，右手握有牛尾刷制作的拂尘，形象凶猛恐怖，舞步遒劲粗犷，舞姿有杀野猪、打老虎、剥猴皮的动作。2 人扮成菩萨，称作 "池姆"，整个仪式过程中始终紧跟在 "池哥" 之后，叉腰舒袖，婉转妩媚。2 人扮成夫妻，称作 "池玛"。一个少年扮成他们的孩子，称作 "猴娃子"，他们主要是说唱祖先历史，插科打诨，幽默风趣。

　　"池哥昼" 虽然经过 "破四旧"、"文化大革命"，还是保存了下来，白马人说这些东西只要人不死绝就不会变样，血脉总是在一代一代族人的血脉中传下来了。

　　参加表演的年轻人平时都在异乡打工，跳的时候他们就回到山寨，跟着传承人学，都是自愿的，并没有族长的指派，族长和 "会首" 只是从众多的年轻人中挑选跳得 "合格" 的。

RELICS OF PROGNITORS 先民
Nuo culture of the upper 遺風
and middle reaches of Yellow River 黄河中上游傩文化 | **154**/155

"池哥昼"在绕村一周后，来到村寨里最大的空地，绕着大圈完整地跳一遍"池哥昼"。"池哥"的劲舞，"池姆"的婉转，张弛之间，表达着他们对祖先的膜拜。

在大场上的集体表演似乎更具有"悦神"的味道。整齐的队伍在高天之下，尽情舞蹈，不是狂欢，是一种身心完全放松的愉悦，沉浸在与诸"神鬼"同舞共乐的氛围之中。如果能有什么词形容的话，只能现组一个新词——献舞。舞蹈动作和整体气氛体现了"白马人"不屈不挠、勇敢抗争的精神风貌，构成了他们古朴、粗犷、剽悍的舞蹈风格。

相传在古代，鬼神与人们生活一起，嬉笑打闹，也会给人干点"坏事"，所以，传承至今的傩舞所表现出的不是人们因惧怕鬼神产生的"驱"，而是"悦"。

每当各寨"池哥昼"结束的深夜，约凌晨两点，全村男女老幼护送"池哥冒"向西前往祖先的圣地白马庙卸装。到达目的地后，众人手拿香纸，面向西跪拜叩首，呼唤四方神灵，对神祷告，祈祷新的一年六畜兴旺、五谷丰登、全寨安宁。送神仪式之后，大家唱着"扎西德目，扎西德目"，兴高采烈地回家。

RELICS OF PROGNITORS
Nuo culture of the upper
and middle reaches of Yellow River 黄河中上游傩文化 先民遗风 | 158/159

　　"池哥冒"中的两位"池姆"。"她们"一身白马年轻妇女的传统打扮——宽袖对襟长裙，不跳舞时，手持一块方花手巾。"池姆"头戴菩萨面具，眉慈目善，端庄秀丽。舞姿主要是模仿种庄稼和家务活的动作，一步一合掌一屈腿，一步一转体一别腰，舞姿柔和优雅，轻盈舒缓。

随着越来越多的青年劳动力外出务工，"池哥昼"的生存环境正在开始发生较大的转变。务工人员的返乡将更多的现代生活气息带进了白马村寨，年轻人摒弃了传统的"长袍长裙"，开始着汉族服饰。

羌蕃鼓舞

QIANGBO
GUWU

"打西番婆"这朵传统民俗文化的"奇葩"，以其历史的芬芳和艳丽，绽放在中华民族民俗文化百花园中，像化石一样，向世人传递着人类民俗学的巨量信息。

　　"西番"是历代中央王朝对古洮州、岷州、湟中一带羌人的统称，明代以后也把经常进驻这一带"吐蕃"以"番"相称。所以，"西番"一词，从历史演进看，应该包括了羌、藏民族。渭源是渭水源头，洮岷这一地区概念包括了现在渭源境的全部地区，当地人把羌民叫"西番"，渭源一带的"西土番"属羌族的一支。大家普遍认为"打西番婆"源于公元7世纪古羌族的祭祀活动，本是羌人为逐吐蕃而产生，后逐渐演变为祭祀舞蹈，"打西番婆"就因此而得名。但是从"西番"这个名称上看又存在着矛盾，史籍中的"番"虽是通指活动在这一代的羌、藏民族，但"西番"一词却是特指这里的羌人。现存史籍和民间记载无考又无从理清，到底谁打谁就成了一团迷雾。

　　历史往往因千丝万缕纠结难理而魅力无穷，根据史籍记载，自汉唐至明代这一带一直是羌族和吐蕃的活动地带，他们也与汉族杂居。作为历代中央王朝的边地，此地茶马交易不断，拉锯战频繁，民族间的风俗民情自然会融合。为申报非物质文化遗产和旅游的需要，甘肃省定西市渭源县麻家集路西村的"打西番婆"被改称"羌蕃鼓舞"，为了叙述统一，后文中将继续使用"打西番婆"这个古老的名称。

　　"打西番婆"为什么现在主要在汉族中流传，而且是在正月十五这一天举行呢？没有历史考据，所以究其原因，我们也只能够从造成族群迁徙的历史事件中觅得些许蛛丝马迹，大胆推测一下"打西番婆"的由来：

　　1. 宋代时，为了更好地控制茶马交易，神宗派王韶西征，王韶把这一带的西羌、吐蕃民族沿茶马古道一线逼迫到偏远的西部山区——西秦岭西南和鸟鼠山以西。而西羌、吐蕃民族古老的的羊皮鼓舞却在汉民族中流传了下来，并渐渐融进当地节令活动中，传承至今。

　　2. "打西番婆"在形式上和现在西藏地区流传的鼓舞"卓谐"、"热巴卓"（藏语的"卓"就是汉语"鼓"的意思）有着同样的特色，说明这种民间鼓舞是古代羌、藏民族杂居结合的产物，更多地保留了西羌、吐蕃原始"春祈"的遗绪。

　　3. 根据仪式的时间安排来看，"打西番婆"应该属于"春祈"，目的是祈求一年平安。他们也去参加寺洼文化遗址崖下藏、汉族都举行的"四月庆"活动，当地称为"打青醮"的祭礼，"法师"也在身体上扎钢钎，这是羌、吐蕃族的遗俗。

4. 渭源会川大小南川的"师公子跳神"祭祀活动、麻家集一带的"拉扎节"，也都是西羌古老风俗的遗存。

综上蛛丝马迹，是否可以推测"打西番婆"这个名称就是古汉族与古西羌、吐蕃族来来往往，借用羊皮鼓舞融合佛、道以及神教而成的一个"混搭"的祭祀仪式呢？

之所以把"打西番婆"放在本书中与"傩"一起观察，因为从地域交通、民族影响、祭祀中的诸多元素来看，"打西番婆"与永靖"傩舞戏"、同仁"六月法会"相通之处甚多。再将其放在定西市民间的一系列宗教祭祀活动中看，也符合"傩"作为四季祭礼之一的特点——正月祭礼即为"打西番婆"（冬祭），接下来是农历三、四月间的"四月庆"（春祈）、七月开始延续到十月的"拉扎节"（秋酬）等。虽然"打西番婆"没有"傩"的戴面具或者饰面的典型特点，但是，从其和羌、吐蕃族风俗的渊源关系，可以把"打西番婆"看作傩祭的一种进行观察。

民间文化的力量是巨大的，无论民族迁徙还是王朝更迭，民族文化总是把自身特有的"遗传密码"以"润物细无声"的方式植入到适合代代相传的土壤中。羌、吐蕃族风俗与汉族宗教结合，集佛教、道教、神教于一体，独具特色，绵延数千年，已植根于百姓的日常生活中，"打西番婆"作为一个研究羌、吐蕃、汉古民俗演变与宗教融合的"文本"，应该是有价值的。

目前，"打西番婆"主要集中在定西市渭源县麻家集镇路西村、临洮县三甲闫家山及岷县部分山区，这些地方的两三支队伍，坚定地表演着"打西番婆"并传承着这一古老的民俗文化遗产，令世人关注。

20世纪90年代，渭源县文化部门抢录了麻家集镇路西村陆家沟社的"打西番婆"，并据此创排了舞蹈《渭河吉祥鼓》，在甘肃省文化厅举办的群星艺术节全省文艺调研中荣获一等奖。后经过省非物质文化遗产保护中心专家评审，正式更名为"羌蕃鼓舞"。2011年，渭源县以"羌蕃鼓舞"的名称申请并被列入了甘肃省级非物质文化遗产名录。

　　每年正月十五，暖阳开始融雪，给黄土塬上的小山村送来了几分小阳春的暖意，在人们"过了十五才算过完年"的喜气和期盼中，渭源县麻家集路西村陆家沟社"打西番婆"的队伍扯起彩旗，披红挂彩，击打着羊皮鼓，把小山村春节的喜庆渲染得多姿多彩。

　　村里的老人率领队伍祭祀过后，号声、唢呐合着羊皮鼓的节奏，"打西番婆"就开始了……

　　据老人讲，他从七八岁爷爷打鼓时就跟着舞蹈队，扮作"小西番"，他父亲引上（方言，意为"领着"）就开始打鼓了。那时，在麻家集"打西番婆"的庄子很多，到"文化大革命"开始后，都慢慢地不打了。

　　"打西番婆"在"文化大革命"期间的处境，让其濒临失传。现在，能够完整表演的艺人多已年老体弱，愿意参与的年轻人又屈指可数。

"打西番婆"是羌、藏民族风俗与汉族宗教相结合，集佛教、道教、神教于一体的傩俗，独具特色，绵延数千年，已植根于百姓的日常生活中。"打西番婆"作为一个研究羌、吐蕃、汉古民俗演变与宗教融合的"文本"应该是有价值的。"打西番婆"可以看作是傩祭的一种进行观察。

　　目前，"打西番婆"主要集中在定西市渭源县麻家集镇路西村、临洮县三甲闫家山及岷县部分山区，这些地方的两三支队伍，坚定地传承着这一古老的民俗文化遗产，令世人关注。

RELICS OF PROGNITORS
New culture of the upper
and middle reaches of Yellow River 黄河中上游傩文化 ｜ **170**/171

　　舞队手持羊皮鼓，跟随旗幡的引导，踩着鼓点，舞步或紧或慢，提腿送胯，起落有致，颇有古代巫舞"禹步"的遗风。舞队分成两队，从村子不同方向相向而跳。鼓声掠过树梢，在残雪斑驳的黄土塬上，传递着岁月深处的回响。

　　羊皮鼓都是打鼓人自己做的，看似拙朴，制作却是很讲究。要选上好的山羊皮子，去毛去油脂浸泡炮制，找铁匠按规定的大小做出鼓圈，手柄绞花，柄尾做成一个小圆环，串着小铁环。把熟制的山羊皮在鼓圈上旋好，阴干，就成了一面羊皮鼓。鼓槌用山羊皮子做成外套，中间灌上糜子，既不伤鼓面，又富有弹性。

　　两支舞队在各自跳完"攒八卦"后相向汇合，高唱相传是"番曲"的祝福词，围成圆圈起舞，鼓铃交加、动作敏捷、姿势豪放，整个舞蹈显得庄严虔诚。舞蹈过程中歌时不舞、舞时不歌，具有西藏地区"卓谐"、"热巴卓"鼓舞的特色。

　　舞队外的场子上，还有几名男女少年扮成"小西番"，身穿彩衣、手持彩巾或者彩扇，左手叉腰，右手舞动彩巾、彩扇，扭行三步，立定作掌礼，意思是向佛祖祈祷。还有身着花布衫、腰系彩带、手持鞋底针线的"老西番"婆娘和"男西番"戏谑逗趣，极尽诙谐幽默，惹得众人捧腹大笑。

RELICS OF PROGNITORS
Huo culture of the upper
and middle reaches of Yellow River　黄河中上游傩文化　**172**/173

　　舞蹈中唱的"番曲"现在无人能懂，就这么世世代代传下来了："啊加萨么，曼拉开打曼拉开，啊加萨呀，曼拉开呀。啊加萨么，知尔拉嘛更俊知呀，啊加萨呀，更俊知呀……"据歌唱的人讲，这些古羌语是祝福乡亲吉祥如意、五谷丰登，让百姓富裕的意思。

　　"打西番婆"集歌、舞、乐于一体，在冬日暖阳中，撩动着每个人抚今追古的情怀。

　　在雪地上，随着领队"啊——唠——哐"的吆喝声，羊皮鼓飞旋，长袖舒展，节奏明快的鼓声、手柄上铁环的撞击声、听不懂的羌歌声，让古代西羌、吐蕃的民族风走进了现代人的视野。

　　舞队有 20 多人，由老中青三代组成，在场地上表演时要分次序按程序入场。他们的服饰在样式和色彩上融合羌、藏族主要元素——羌族崇尚的青色、藏族的氆氇等。

　　舞队由身穿翻毛袄、手持牛尾拂尘的"老西番"统一指挥，十几名戴礼帽、水晶眼镜，身穿雪白衬衫、深色马夹，腰系小刀或褐色锦囊璎珞的鼓手们，高举羊皮鼓踏着固定的舞步沉稳有力地表演"走四门"、"龙摆尾"、"铁绳扣"和"攒八卦"，跳到兴致处，还有持鼓绕头、屈腿左右旋转、旋摆跨步、起脚跳等高难度动作，一招一式娴熟流畅、英武飒爽，拙重而矫健。

RELICS OF PROGNITORS
Nun culture of the upper
and middle reaches of Yellow River 黄河中上游傩文化 | 176 177

　　在鼓点的打法上，几支舞队会相互影响。陆家社原来打的是"凤凰三点头"，就是"当当当当当"，分三步改变；原价山的打法是重一下轻一下，后来融合了韩家河的摇环子（就是鼓柄尾部串着的小铁环），鼓点就一样重了。环子摇起来，和着鼓点，发出的声音很好听。

　　"打西番婆"的鼓舞是古代西羌、吐蕃文化的活态载体,具有独特的艺术价值。对探寻古代巫舞的"禹步"及古代氐、羌、吐蕃部族舞蹈文化的渊源、传衍、流变、发展也具有重要的学术研究价值。

　　"打西番婆"中使用的羊皮鼓，就是鼗鼓。鼗鼓是古代军队所用的军鼓。白居易在《长恨歌》中写道："渔阳鼗鼓动地来，惊破《霓裳羽衣曲》。"更早时古代乐队也用，《周礼·春官·钟师》载："掌鼗鼓缦乐。"《吕氏春秋·古乐》载："有倕作为鼗鼓钟磬。"

　　从舞蹈角度看，无论是原来称作"打西番婆"，还是现在改称的"羌蕃鼓舞"，展示的不仅是西羌、吐蕃、汉、藏民族文化、宗教风俗的融合，更传达出浓重的劳动和生活气息，显示了各民族民间舞蹈的融合性。

RELICS OF PROGNITORS
Nuo culture of the upper
and middle reaches of Yellow River 黄河中上游傩文化 | 184/185

LIUYUEHUI

六月會

在青海省黄南藏族自治州同仁县热贡藏乡，麦子将要成熟的七月，油菜花已经连片地在高原的阳光下绽放。当"召唤"神灵的铜锣的"哐——哐——"声掠过光亮如丝的麦芒，人们知道，一年一度敬神娱人的节日就要开始了。这是一次"愉神"的祭祀，也是村民们盛大的狂欢节。

这就是当地汉族所称的"六月法会"，俗称"六月会"，藏语称为"六月勒瑞"、"周卦勒柔"。"勒瑞"、"勒柔"是"龙宴"的意思，藏族人认为这是"六月献给龙的歌舞"。"六月会"每年固定在农历六月十七日到二十五日举行，人们祭祀、唱歌、跳舞、奏乐，是献给"龙、神"的祥瑞，让其尽情享受人间的欢愉。

"六月会"主要流传在青海省黄南藏族自治州同仁县各乡，以同仁县为主，其中的苏乎日、四和吉、浪加村的仪式最为古老，规模也最大，在尖扎、贵德、循化等县几十个村庄中也有流传。"六月会"是民间的傩祭活动，据传已有上千年的历史。整个活动从寺庙"沟通"神灵的祭祀仪式开始，且歌且舞且祭，舞蹈贯穿始终。舞蹈主要有神舞（拉什则）、龙舞（勒什则）、军舞（莫合则）三种，整个过程气氛热烈而庄重。

农历六月十五日清晨，随着第一缕桑烟升起，阳光洒进隆务河畔金色谷地，各村"拉哇"（"法师"）带领队伍，由"会首"选出来的年轻人抬着装扮起来的"夏琼神轿"，在乡亲们的簇拥下进每家每户做法事。事前，各家已准备了供品、糌粑、酒、酸奶、水果、鲜花和钱被摆放在供桌上面，"拉哇"一行会在每个家里停留 10 分钟左右。"夏琼神"被抬到供桌正位，主人向"拉哇"和"夏琼神"敬献哈达，"拉哇"祝福主人全家吉祥，还为有的家庭占卦，"预言"吉凶祸福。同时也为法会募捐，一般是每家献酒 1 瓶、钱至少 10 元。祈福和募捐活动要进行一天才能走遍每个家庭，为的是祛灾避邪，保佑全村家家户户人畜平安、五谷丰登。

这一仪式与定西"拉扎节"，永靖"傩舞戏"的"迎神"仪式一样，都是要让守护神首先"巡游"一下自己的村庄百姓，人神"相见"一番。"神轿"转遍村子里的所有人家，才回庙安坐。

农历六月十六日，"六月会"正式开始。首先，在神庙里，由"会首"主持"拉哇""沟通"神灵的祭神仪式，让神灵"附体"，神灵附体后的"拉哇"便代神行事，随后的一切活动都在"拉哇"的带领下进行。如果"拉哇"不能神灵附体，便十分痛苦，就需要其他"拉哇"的帮助。

各村举行法会的时间并不统一，但都在每年农历六月中旬进行，各村的天数也不尽相同，最长五天，短的一到二天。其间的主要活动有：祭神、跳舞、上口钎、上背钎、爬龙杆、打龙鼓等，"拉哇"的"开山"将整个仪式活动推到高潮，最后是将所有供品奉献给守护神的狂欢仪式，其中还有象征性的"红祭"。

"六月会"在当地麦子即将成熟的前夕举行，除了传统娱神娱人的宗教色彩，大约也包含了人们对风调雨顺、五谷丰登的渴求与向往，蕴含了丰富的宗教文化、民俗风情、历史传说等内容。宗教与世俗、人界与神界，融为一体，让整个活动充满了神秘和欢乐的气氛。

热贡藏乡"六月会"起源于什么时候、缘何而起，民间说法很多，但并无定论。以下是几种说法：

1. 传说在很久以前，同仁地区有许多猛兽危害人类。有一天，一只大鹏鸟从印度飞来，降服了这些猛兽，藏语里这只大鹏鸟叫作"夏琼"，从此被尊为守护神。为了供奉带来安宁祥和的"夏琼神"，也为了保佑村庄风调雨顺、五谷丰登，沿隆务河两岸12公里内的藏族、土族村庄都会在同一天进行盛大的歌舞祭祀活动。

2. 唐蕃之间经年交战，这里的百姓不得安宁。唐蕃和解，这里也战事平息，为了庆祝和平的到来，守卫当地的吐蕃将军在当年的农历六月十六日至二十五日向当地的诸守护神叩拜，并隆重祭祀，由此发展成热贡"六月会"。

3. 元末明初，元朝一支蒙汉混编的军队在隆务河谷接受了明朝的招安并在当地解甲务农。为了庆祝和平安宁，他们举行了隆重的祭祀活动，祈求消灾祛难，人寿粮丰，逐渐发展成今天的热贡"六月会"。

从这些传说可以看出来，无论哪一种传说，都表达了人们祈求和平安宁的美好愿望。"六月会"和其他不同文化形态的"傩祭"一样，都是民族文化、民情风俗的融合，是宗教、祖先传说与世俗生活的有机结合。它们已深植于每个人的血脉之中，成为集体成员保持向心力与凝聚力并可以把人们维系在一起的集体文化活动，严格的传承和仪式过程规范着人们需要共同具有并遵守的观念和准则。人们借助"酬神娱人"的仪式活动将整个群体和个人心理诉求直接地或间接地表达出来，实现族群意志与神灵意志的沟通和人与人以及人与鬼、神、佛之间关系的协调，使个人情感和个性达到释放的同时，维护村落、族群道德准则的完整性。

　　农历六月十七的早晨，四合吉村的男女老少身着节日盛装，穿过盛开的油菜花地，沿着再有十来天就要成熟的麦田的地埂，开始向村子最大的场院集中，参加一年一度的"六月会"。

　　每年的"六月会"都是从四合吉村开始，沿隆务河两岸30多公里内的40多个藏族、土族村庄会相继吹响白海螺，敲响龙鼓，庆祝"六月会"的到来。

　　"隆务"在藏语里的意思是"九条溪流汇聚的河流"，"热贡"是"金色的谷地"。

　　"拉哇"带领队伍走向高处的神坛，用哈达、彩绸装饰起来的"神
轿"从这里出发，宣告"六月献给龙的歌舞"正式开始，这场神秘
的歌舞盛宴将持续9天，人神狂欢，尽情释放对神的敬意。

　　生活在这里的人们习惯农历计时，他们告诉你的几月几号，那
一定是农历，我们这些习惯使用公历的"城市人"往往会搞错。我
第一次去同仁拍摄时就犯了这个概念错误，兴师动众上去，麦子青青，
油菜还正在可劲地长，人们反倒惊讶地问我："是县上告诉你们要提
前吗？"传统文化在与城市和世界接轨的过程中渐渐远离我们，而
这里的人们却越来越适应同时使用两种历法，在农历和公历之间的
转换从来不会搞错。

　　哈达和彩缎包裹着神灵附体的"拉哇"，他们或者在白纸上写下神谕，或者在村后的树林里相互比试法力，或者向神灵祈求赋予力量。一直跟随着的年轻人就像护法者，不让其他人靠近"拉哇"，他们相信神灵附体的"拉哇"能预言疾病、雹灾等人祸天灾。

　　鞭炮齐鸣，人们点燃用香柏和五谷堆成的煨桑台，高呼吉祥颂词，将一摞摞中心印着宝马驮经的五色风马纸片抛向空中，在升入云端的桑烟中，纸片漫天飞舞，带去人们对山神、赞神、龙神的敬畏和祭祀。

　　风马纸片一般印有经咒、祈愿文或经文，中心图像大都是象征神灵坐骑的矫健宝马，马背上是装饰着火焰的佛、法、僧三宝，四角印有龙、大鹏鸟、狮、虎四种动物。藏族人相信它们的神力具有消灾去祸、除邪去恶、抵御外界侵扰的强大的屏障保护作用。

RELICS OF PROGNITORS　先民遗风 | **194**/195
Nuo culture of the upper
and middle reaches of Yellow River 黄河中上游傩文化

　　举行"六月会"的村庄，每村都有一座神庙，除了"夏琼神"，还供奉着本村的保护神。每村都有1到2名"拉哇"，他们是整个活动的主角，人们相信他们是人与神的沟通者，神的代言人。

　　"拉哇"都由男性担任，他的产生首先是由村里群众物色，在若干个能"发功入魔"的候选人中挑选出一人，然后再经隆务寺活佛认定。"拉哇"可以结婚，有家庭，但在法会开始前几天，不能再接近妇女，而且要到隆务寺接受喇嘛诵经祈祷，举行沐浴更衣的加持仪式。

　　"六月会"的来源与唐蕃和解的传说有关。

　　据当地传承人讲，相传藏王赤热巴巾时期，唐蕃之间经常发生战争，民不聊生。在唐皇、藏王和宗教界活佛等有识之士的共同努力下，公元822年，双方终于化解了矛盾结为盟友，并立了和解石碑。结盟后，达加主要守卫者玉察于当年六月十六日至二十五日，按照藏族习惯向各神磕拜并隆重举行了"嘎日翘"和"麻日翘"仪式，并敲羊皮或牛皮鼓庆祝唐蕃结盟。传说达加天湖里显出了无量光佛和如来佛的化身枣虎头和豹头，并相互跳交叉舞。后人为了纪念这两位佛，将庆祝仪式与当地原有农历六月祭祀山神、龙王的习俗结合演化，演变成现在的"六月会"。

　　"六月会"前夕，男子们要集中到村里的神庙，用酥油、炒面等物品制作祭祀用的"朵玛"。"朵玛"是藏传佛教密宗八供之一的"食子"，是供品。这时，作为"六月会"核心人物的"拉哇"要端身净意，以特定的仪式做好法会前的准备。女主人的任务是洒扫庭院，准备全家的节日盛装。

　　村民们的服饰十分讲究。男子头戴白色或红色高筒毡帽，佩藏刀。女子身着色彩艳丽的藏袍，配以自然宝石作为装饰。在高原的阳光下，异彩纷呈、琳琅满目，大家起舞，整个场面显得凝重飘逸。

　　正式参加"六月会"仪式和舞蹈的人是村里所有男子和年轻未婚的少女，其他人只是观赏者。

　　"神灵附体"仪式，是法会开始前的重要准备，有了"神灵附体"的"拉哇"，节日才有"灵气"。

　　"拉哇"焚香熏烟，祈求"夏琼神"降临，随后，"拉哇"向神像跪拜诵经，与神灵进行"沟通"，请求"神灵附体"。大约1小时，"拉哇"全身开始发抖，失去正常人的状态，意味着神灵已经"附体"了。之后的一应活动，只要是出自"拉哇"之意，就意味着是神的"旨意"。

　　"神灵附体"的"拉哇"指挥舞队，不用言语，而是通过手势和眼神与身边的助手沟通，然后由助手领会"拉哇"的意思后再传达给众人。

RELICS OF PROGNITORS 羌民遗风
Nuo culture of the upper
and middle reaches of Yellow River 黄河中上游傩文化 **200**/201

　　"拉哇"不是世袭家传的，其实就是一门职业。据学者在十二"镇魔寺"之一的昌珠寺所做的调查以及历史文献的记载，给凡体降神并成为"拉哇"的形式，应在公元7世纪就已形成了。

　　要成为"拉哇"，首先要被部落组织者选上作为"通日"的人选。"通日"是藏语对山神未附入人体时的被降神者的称呼。这些人选一般是本村的人，更多的是前任"通日"家族范围内的人，因为在部落看来，这样的人选才最为正统、理想。

　　守护神降入"通日"人选体内，经过活佛认证和本村守护神的神谕指点成为"拉哇"，为守护神代言。

RELICS OF PROGNITORS
Nuo culture of the upper
and middle reaches of Yellow River　黄河中上游佛文化　先民遗风 **202**/203

　　"通日"的认证程序为：首先是部落所有男性参与，举行大规模的煨桑祝颂活动，向山神"发出"讯息——凡体已经做好了迎请降入的准备。那时，如果寻选出的人选表现出坐立不安、神情恍惚，身体不断发颤，就可以认为山神已开始降入此人体内。寻选出的人在持续不断地发颤过程中，双颊抖动、呼吸急促，开始有频率地原地跳跃，身体进入狂热亢奋状态。这时，部落组织者就可以将其确定为"通日"的人选，并开始准备最后的认证。

　　最后的认证需要在当地最为德高望重的大喇嘛面前进行，在山神降入"通日"体内之后，被降神者必须要在大喇嘛面前承诺护佑佛法、利乐众生，决不伤天害理、残害生灵。大喇嘛做完一系列宗教法事之后，"通日"就可以被认定为山神已经附体，只有通过这道程序，"通日"的认证才算结束，"通日"的功能也就齐备无缺了，才能成为本村的"拉哇"。

RELICS OF PROGNITORS
Nuo culture of the upper
and middle reaches of Yellow River 黄河中上游傩文化 | 204/205

神灵附体的"拉哇""代神言事、以舞愉神",处处显现出原始巫风的遗迹。"拉哇"通过古老的舞蹈祈求神灵保佑这方土地五谷丰登、六畜兴旺、风调雨顺,这是"六月会"各种舞蹈的作用,是整个活动中最突出的特点,也是这一古老民间祭祀活动的终极目的。

整个法会过程"拉哇"事必躬亲,任何环节绝不疏忽,包括祭祀人员的衣着装饰、迟到早退等的问题都会成为"拉哇"关注的细节。"拉哇"也会对那些刚参加法会的男子或幼童做示范性的神舞动作,并对那些跳神舞不规整的男子进行面斥或惩罚。

RELICS OF PROGNITORS 先民遗风 | **206**/207
Nuo culture of the upper
and middle reaches of Yellow River 黄河中上游傩文化

　　当"拉哇"达到"癫狂"状态时，其舞技之炫、动作难度之高，专业舞者也难望其项背。他嘴里喊着谁也听不懂的言语，似乎是在与神灵沟通，接受神灵的旨意。

　　显然神灵已"附着"了"拉哇"的身体，他时而身体颤抖不停，头部左右摇摆，口吐白沫；时而用鼻子吸气，用嘴呼气，眼睛里只有眼白。整个舞队群情激昂，高呼"噢——噢，噢——噢——噢"的声音，仿佛被神灵施了法，激动癫狂不已，在羊皮鼓声的激发下，踏鼓起舞，大家沐浴在神灵的气场中。

RELICS OF PROGNITORS 先民遗风｜**208**/209
Nuo culture of the upper
and middle reaches of Yellow River 黄河中上游傩文化

在祭祀仪式中，"拉哇"还要带领各自村子的队伍到邻村进行礼仪性的"客演"。这是各村在祭祀活动中必须进行的一项活动，每村舞队 10 到 20 人不等。

舞队在"拉哇"带领下边舞边行进，羊皮鼓声让每个人血脉贲张，大家跟随着"拉哇"的舞蹈狂歌高喊。

当"客演"舞队到达邻村时，东家会组织全村的人出村举行隆重的欢迎仪式，双方舞队在各自"拉哇"的带领下，共同"愉神"。同时，也是在向众人展示各自舞蹈队的独特风采。

　　"拉哇"不是藏传佛教的神职人员，因此他们平时的生活是完全世俗化的。此时，神灵附体的"拉哇"已然是人形化了的"夏琼神"。

RELICS OF PROGNITORS
Nuo culture of the upper
and middle reaches of Yellow River　黄河中上游傩文化　**214**/215

　　祭祀活动前，他们的生活也就是种庄稼、挖虫草，为了生活奔波劳顿，喜怒哀乐尽在一日三餐之中，和普通村民并无二致。但是，到了法会期间，他们又变成了山神的载体，具有了神的威严和震慑力，人神之间的"转换"对他们来说并没有什么不自然。

　　据当地人讲，村里净宅一般请僧人念经，也可以请"拉哇"做赶鬼的法事。村民有病、有难事，也会问"拉哇"。

　　"拉哇"做法事不收费，但请他做法事的人可以自愿给他钱。平时，活佛要给"拉哇"一个护身符，里面装着佛经、咒语、符，用黄布或红布包着，"拉哇"带在身上，这样平时正常生活时神就不"附身"了。想要神"上身"时，拿走护身符，一敲龙鼓，神就"上身"。

　　"客演"的舞队在休息，等待"法师"。"客演"结束后，各村村民穿上节日盛装，抬着本村的守护神，簇拥着"拉哇"浩浩荡荡上山，每家还扛着一根新的"拉甄"，"拉甄"被奉为神竿。大约半个钟头后，人们到达半山腰的麻尼石堆前，然后煨桑、插神竿。神竿年年插，愈集愈多，形成神竿垛。

　　人们围着神竿垛顺时针转，一边转一边雪片似地向空中抛撒风马纸片，并高呼颂词，转一圈后下山。

RELICS OF PROGNITORS
Nuo culture of the upper
and middle reaches of Yellow River　黄河中上游傩文化　**218/219**

　　农历六月二十二日这天，浪加村村民在供奉着女神阿玛勒姆的神庙前举行"求神感孕"的宗教仪式。在祭祀间隙，"愉神"的人们用木制男性阳具敲打木刻的女人裸体像，据说这象征子孙繁衍不息。这是关于部族繁衍的祭祀活动，在高原险恶的生存环境中，表达着人们对爱情、生殖最狂烈的崇拜和追求。

　　祭祀活动的最后是男子用毛巾掩面低吟情歌，并依次传递歌词，是在取悦女神还是为了打动身旁的女子？也许只是在掩饰见了女孩有害羞的感觉，也许是善意的道歉。

　　小巧玲珑的阿玛勒姆女神庙，此时静静沉浸在欢乐的小山坡上，散发出古拙和特有的气息，不失浪漫。青年男女分成两队，围着女神庙进三步退一步，舞步十分优雅。男孩在内侧，呢喃细语；女孩在外圈，低眉顺眼，盛装舞步。

　　爷爷、奶奶、父母会怀抱着幼儿一起祭祀女神，孩童的天真无邪和懵懂好奇让人有种说不出的感动和幸福。

　　女神阿玛勒姆是当地密宗的护法神，大约于公元 7 世纪来到浪加村，这天是她最幸福也是最忙碌的一天，她要接受全村男女老幼的供奉，还要为幼儿祈福，为无儿无女的夫妇赐子。

　　祭祀活动结束后，她会默许随后的三天是浪加村的情人节，无论已婚还是未婚，只要是有情人，就可以在田野里幽会。过了这三天，女神就以护法神的面孔出现，兑现祭祀那天给村民的承诺——在恰当的时间给他们送去孩子并保护出生的孩子健康成长。

军舞，藏语称为"莫合则"，这是军舞祭祀中最为激动人心的"转圈舞"，挑着二郎神画像的舞者在前面引路，后面则是手持军棍的"武士"和鸣锣击鼓的助战者，他们连续转到13圈结束。舞者个个腿上打着花纹绑腿，据当地人讲这象征着龙。有学者认为，这是象征着吐蕃军队大规模远征的仪式。

"六月会"的军舞虽然绝对不是吐蕃军舞的原始版本，但是，从气势恢宏的场面和激扬狂放的舞蹈动作看，应该是吐蕃军中为鼓舞士气、震慑敌人而进行的阵法，后被吐蕃军人后裔们仪式化为舞蹈，一代代流传了下来。

自汉朝以来，隆务河谷底就烽烟不断，羌人、汉人、吐谷浑人、吐蕃人、蒙古人等都占据过这里。各族军人你来我去，战争频繁，当地百姓饱受战乱之苦。不少当地老人认为，军舞祭祀是来自于人们渴望安宁的生活、不想再打仗的心情。

　　龙舞，藏语称为"勒什则"。浪加村的龙舞祭祀场面古朴而富有野性，关于龙舞祭礼的渊源，民间传说有着较为清晰的口传记录。

　　传说当时浪加村常年天气炎热、旱灾严重，长久没有好的收成。为了引水浇地，人们在托托罗这个地方挖了一条水渠，但是这个渠却滴水未进，成了无水之渠。

　　村里名叫阿拉果的老人带领大家到离村不远的叫色卡隆瓦的地方寻找水源，到这个地方后，大家发现这里水草丰美，还有一眼长流不竭泉。但是，人们却无法把泉水引到托托罗那边的水渠。夜晚，阿拉果老人在梦中祈求龙界神灵显灵救助，龙界神灵显身，在水草丰美的色卡隆瓦翩翩起舞。

　　梦醒之后他知道这是神在指点，于是他组织浪加的青年男女按照他在梦中看到的舞蹈，在托托罗起舞欢歌，结果水渠流水充溢，泉水流入村中田地，他们从此不再受旱灾之苦。

　　为了纪念龙神的指点，村民就在每年麦熟之前到托托罗跳阿拉果老人梦境里的舞蹈愉悦龙神，传承至今。

RELICS OF PROGNITORS
Nuo culture of the upper
and middle reaches of Yellow River　黄河中上游傩文化　**228**/229

神舞，藏语称为"拉什则"，贯穿"六月会"舞蹈祭祀过程始终，是融苯教、佛教、道教、民间祭祀为一体的综合性傩舞。

神舞中有"女子献舞"，参加神舞的女子必须未婚，有的村子限制在 18 岁以上，也有的村子不管年龄大小，只要未婚都可参加。这个华丽而庄重的女子群舞在藏语中称为"嘎尔"，据说是就由西王母娘娘编创并献给十三战神的一套舞蹈。

舞蹈从头至尾只有一种同样的舞步，盛装的藏族少女们先是缓慢地向前走三步，然后向四方敬献哈达，神情庄重虔诚。连平时喜欢打闹的小女孩也都忽然安静下来，一举一动都透露着对十三战神的崇敬。

整个热贡地区每年 "六月会" 的祭祀仪式首先从四合吉村开始，最具有代表性的神舞祭祀仪式也在四合吉村进行，这让很多人纳闷，为什么都是四合吉村呢？

这是因为四合吉供奉着热贡地区最大的守护神——"夏琼神"。"夏琼神" 在同仁地区被尊为众山神的首领，因此，从四合吉开始的祭祀山神仪式也许能给整个同仁地区的法会定个基调。据在县城文化馆工作的 "六月会" 研究专家卡则讲，"夏琼神" 是印度的本尊神，是以护法为己任的神灵，16 世纪莲花生大师派他到同仁担任地方保护神，他温和、大度，是同仁地区众神的领袖。

神舞最后部分，全村上百名男女舞者排列整齐，模仿右旋白海螺的样子，不断变换队形，在俗世演绎着神灵的舞蹈。

　　从祭礼舞整体来看，包含了神舞、龙舞和军舞，但其核心部分应该是神舞。因为舞蹈的时间比较长，强度也比较大，一般都是青壮男子参加，年纪大的则负责维持现场秩序。

RELICS OF PROGNITORS
Nuo culture of the upper
and middle reaches of Yellow rives　黄河中上游傩文化　**232**/233

在舞蹈间隙，大人吹起笛子，给孩子们伴奏，让他们模仿各种舞步练习。

文化的传承就是在潜移默化中完成的，一代代从模仿到理解并形成一种继续传承的责任，血脉不断。

很多参加"六月会"的外族人觉得这似乎是一种"落后"，但是，于文化和习俗，应该没有落后和先进之分，一种独特的民族文化是可以为整个中华文明增添文化存在的多元性。

RELICS OF **PROGNITORS** 先民遺風 | **234** 235
Nuts culture of the upper
and middle reaches of Yellow River 黄河上中游泥塑文化

神舞一直要跳三天，舞蹈样式基本相同。祭祀活动的最后一天下午，所有人手托贡品，整齐地排列在神庙前，倾听"拉哇"的预言和祝福，然后，村民们排队走上煨桑台，把所有贡品全部倒入火堆焚烧，将祭祀活动推向顶峰。

RELICS OF PROGNITORS 先民遗风 **236**/237
Nuo culture of the upper
and middle reaches of Yellow River 黄河中上游傩文化

祭祀中的献祭仪式分为"嘎日翘"和"麻日翘"。"嘎日翘"是白祀，祀品为果、面、糖、酸奶、奶茶等；"麻日翘"是"红祀"，原来祀品为活羊，现在用酥油制作的羊祀品代替活羊献给神灵。

各村庄献祭的祭坛设置的地点也不一样，这要根据"拉哇"与神灵"沟通"后决定，献祭品的形式也不尽相同。

在祭礼过程中，"拉哇"要给自愿上钎的年轻人"上口钎"。口钎是自己准备好的，一般是钢制的。"拉哇"在口钎上喷酒或者在酥油灯上燎一下，从左或右腮帮扎过去，这在当地也称为"锁口"，据说可以防止病从口入，消病去灾。这是在历史积淀中形成的龙舞祭礼仪式中独有的特色。

　　上口钎全凭自愿，在上钎前，准备好口钎的自愿者要向"拉哇"走去，得到允许后，"拉哇"才给他们上钎，并不是每个人都能如愿以偿上口钎。

　　据我观察，上口钎时他们似乎并不感觉到疼，大部分人都不会流血。据说谁要流了血，大家会认为他做了对不起神灵的事。有些人上过好几次口钎，但是在他们面颊上却并不会留下疤痕。他们是村子里清一色的年轻男子，最小的也就八九岁。

　　上口钎是热贡祭祀文化中较为特殊的一种仪式，是血祭的一种形式，血祭还包括上背钎、额头放血等。这一仪式虽然不像其他祭祀仪式那样普及，但在底层民众当中还是有着相当的影响力。

　　血祭代表了信仰山神的民众对于山神的无比虔诚，也证明了民众对信仰的坚定信心和集体认同。

　　上口钎多少、口钎穿过去的方式是由"拉哇"决定的。有的是穿到嘴里，有的则从嘴里穿出来。上了口钎的年轻人开始表演"请神"舞，随着他们的动作快慢变化，坠在口钎上的流苏左右摆动、上下翻转，对漫淫在宗教氛围中的他们来说，摇摆的口钎更像是美丽的装饰。

RELICS OF PROGNITORS 先民遗风 | **244**/245
Nuo culture of the upper 黄河中上游傩文化
and middle reaches of Yellow River

RELICS OF PROGNITORS
Nuo culture of the upper
and middle reaches of Yellow River 黄河中上游傩文化 | 246/247

上背钎是将 10 至 20 根钢针扎在背上，舞者赤裸上身，右手持鼓，左手击鼓，边敲边舞，随着龙鼓独特的节奏变化着各种舞姿，粗犷优美。多彩华贵的服饰，在桑烟的氤氲里，让人感受到的是欢乐和浪漫。舞蹈传递着远古的信息，它是祖先生活图景的再现，从他们舞蹈的神韵里、神秘虔诚的祈祷中，读出的是穿越时空的美感和诗情。

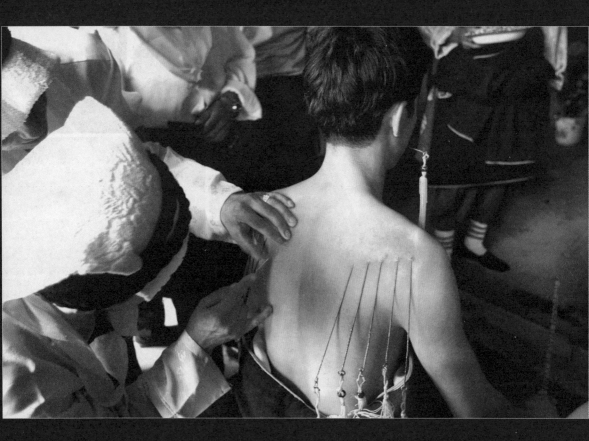

　　在中午热烈的阳光下，上了背钎的剽悍英武的年轻人围着祭坛舞蹈，他们手持绘有苍龙或八宝图案的面鼓，一边击鼓，一边变换着队形铿锵起舞，并面向煨桑台高喊"拉甲洛、拉甲洛"，欢呼万能的神取得了胜利。

　　舞蹈持续很长时间，羊皮鼓在舞者手中敲出铿锵有力的节奏，伴随着舞者跳跃腾挪的舞步，骄阳下，背钎在舞者健壮的背上舞动，闪亮耀眼，舞蹈直到把背钎一根根震落才能结束。

　　舞蹈有"唐尕西哈德"，翻译成汉语就是"白雕展翅"，是舞者模仿藏族人所崇敬的白雕凌空飞翔的样子；"东尕也切，翻译成汉语是"右旋海螺"，模仿右旋海螺盘旋扭身，形似藏人眼中的吉祥物白海螺。

　　整个龙舞分为 13 种舞蹈，包括面具舞、蛇舞、龙女喜旋舞等。

RELICS OF PROGNITORS
Nuo culture of the upper
and middle reaches of Yellow River　黄河中上游傩文化 | **248/249**

　　"六月会"和其他不同形态的傩祭一样，都是民族文化、民情风俗的融合，是宗教、祖先传说与世俗生活
的有机结合。它们已深植于当地每个人的血脉之中，成为集体成员保持向心力与凝聚力并能够真正把人们维系
在一起的集体文化活动，严格的传承和仪式过程规范着人们需要共同具有并遵守的观念和准则。人们借助"酬
神娱人"的仪式活动将整个群体和个人心理诉求直接地或间接地表达出来，实现族群意志与神灵意志的沟通和
人与人以及人与鬼、神、佛之间关系的协调，使个人情感和个性达到释放的同时，维护村落、族群道德准则的
完整性。

也许，这就是人类在数千年的社会生活中探索出来的"礼"的作用，这也应该是古代中国人之所以要将"傩"确定为"五礼"之一的原因吧。

RELICS OF PROGNITORS
Nuo culture of the upper
and middle reaches of Yellow River 黄河中上游傩文化 | **252**/253

龙舞祭祀的高潮是"拉哇"在众人的簇拥和高呼声中爬上经幡杆，用刀砍破自己额头的头皮，血祭神灵，当地人称为"开红山"。在他们的眼神和表情里能够看到无比的虔诚，每一滴血都是向神的表白和期望，还有什么比奉献自己的鲜血更能打动神灵呢？

　　"开山"之后,"拉哇"手持缠有哈达的木棍继续跳舞,鲜血从额头上流淌下来,他浑然不知,沉醉在他"扮演"的神灵的角色中。

　　一切都弥漫在肃穆神秘的氛围中,"拉哇"舞者变幻的舞姿和时而发出的高亢声音都使人不由自主进入某种遐想。对外族人来说存在着不同文化间的隔膜,但心与心之间此刻却在冥冥之中有了沟通。

　　每次拍摄隆务河谷的"六月会"，都会有一种全新的感受。从中解读出的是村民与山神复杂的情感，在礼祭舞悦中，村民的敬畏与对抗交织在一起，在对抗中寻求平衡与和谐，在敬畏中奉献虔诚与快乐，历经几千年，至今不变。

　　鲜血流下额头，染红哈达，在癫狂的舞蹈中，飘洒在土地上……一股原始的巫风扑面而来。他们就是神，所有人能够感受到守护神就在身边，与自己的生活交织在一起，这是他们的信仰。没有谁去追问神是否真的存在，是否真的给他们的生活带来了欢乐和幸福，因为这就是他们的生活。

　　妇女给"拉哇"奉献上奶茶、哈达，神灵已经降临。血祭愉神，虔诚的人们奉献自己的鲜血与神共舞。

　　"六月会"又是当地青年男女的相亲会、情人节。

　　英雄般的俊小伙跳神舞时,稍加留意就能发现,身着盛装的年轻女孩悄悄藏在观众里,凝神偷望。舞蹈中的小伙子既有神灵的庄严,似乎又能用心灵感知到心上人柔情的注视。当地老人讲,姑娘小伙一旦相中心仪的人之后,就会请媒人上门提亲。

　　置身热贡"六月会"，最强烈的感受是"巫风就是舞风""祭坛就是舞坛"，他们的舞蹈规模之大、人数之多、时间之长、体系之完整规范、场面之火爆、情景之壮烈，在当今现存的民间舞蹈文化形态中应该是较为罕见的。这既是千年以来藏族对祖先祭礼的传承，又是岁月更迭中各民族文化融合的结果。

　　隆务河谷的藏族、土族生活在丰富多样的精神世界中，他们信仰藏传佛教，又讲究多神崇拜。今生的问题交给多神信仰的原始苯教，来生的问题交与佛教。过汉族的春节，贴汉族的门神，配上藏文对联。

　　可以说，他们同时具有入世的智慧和出世的情怀，快乐地享受着人神两界的生活。

　　祭祀尾声，人们用白酒给"开红山"的"拉哇"和村民洗去血迹，有的则直接用清水冲洗。据当地人说，"拉哇"每年都"开红山"，头上却并没有留下一道伤疤，人们相信山神"降入"体内后的"拉哇"就是神灵本身。"拉哇"是人界和神界的使者，穿梭在人神之间，可以说他是揭开"六月会"谜面的最终谜底。

RELICS OF PROGNITORS 先民遗风 **262**/263
Nuo culture of the upper
and middle reaches of Yellow River 黄河中上游傩文化

等待最后给诸神献祭的供品。

"六月会"结束时，众人齐声高呼颂词，排队走上煨桑台，把所有的祭品投到桑台。烟雾漫天，哈达纷飞，海螺声悠长而肃穆，藏族、土族村民们把最好的献祭全部献给了守护神，在人们的欢呼中，祭品随着青烟直上蓝天，告慰苍天诸神。

RELICS OF PROGNITORS 先辰
Nuo culture of the upper
and middle reaches of Yellow River 黄河中上游傩文化 風 | 264
265

"六月会"纷纭复杂的舞蹈承载着祭祀愉神的功能，是热贡地区民间宗教保持多神崇拜的原始形态，他们通过"以舞愉神"迎请神灵，保佑部族吉祥安宁。

作为一个活态的原始民俗节日，真正要揭开"六月会"神秘的面纱，需要更多人的探究。

"拉哇"站在神庙门前的台阶上泼洒酸奶，瞬间，所有的舞者打开啤酒，摇晃着喷向空中……这是人神狂欢、人神交会的时刻，也是"六月会"最后的高潮。

后记 | Postscript

　　《先民遗风——黄河中上游傩文化》是一本以真诚态度用心而为的"笔记"。10 余年的奔波，辗转甘青两省数万里，终有结果，能够与读者、朋友分享收获，可算是一件快意之事。

　　20 多年的摄影生活，风餐露宿，烈日、严寒、危险……个中滋味已如陈茶老酒，细细品味，唯有自知。不经意间回头看看，摄影在很多时候俨然成了一种"修行"。

　　我的创作从风光摄影入门。为了找寻心中的"风光圣地"，获得"惊人"的风光作品，我遍历甘肃、西藏、青海、新疆、内蒙古、四川等地，一次次走进西藏阿里，冒险穿越死亡之海罗布泊。虽然小有成绩，但在追月逐日拍摄风光的过程中，一个念头总是挥之不去：沧海桑田，千年如是，但世事变迁，物是人非，风光长在，而人在变，那些与人相关的历史文化，不是更需要记录吗？尤其是在穿越罗布泊时，只看到被黄沙掩埋的古楼兰，却遍寻不到古楼兰人的踪影，使我萌生了记录我们身边正在改变，甚至即将消失的文化现象的想法。

　　几千年来，中华大地各民族创造了浩如烟海的文化，那么应该记录些什么？经过走访专家，与同道探讨，和朋友聊天，大家都认为，应该为后世留存我们可以观察到的当下时空内某种文化现象的真实面貌，记录已经传承了几千年也许还将继续传承下去的传统文化应该是一个摄影人的责任。

　　我选择了黄河上游存在的"傩"这一古老文化现象作为选题。在黄河上游甘青两省的一些地方，延续了几千年的"乡人傩"依然完整地保留着先民的巫风傩俗。每年的春节期间和六、七月庄稼收获季节都有傩祭、傩舞表演，其形式之完整、表演之精彩、文化内涵之深邃都具有极大的考察和审美价值。

　　这一拍就是十多年。

　　这 10 多年间我把几乎所有的业余时间都交给了"傩"。也正因为时间"业余"，所以有诸多疏漏和遗憾，只能待以后一点点补上。傩仪的举行往往集中在一个时段，这个村庄刚拍完，必须马不停蹄赶到下一个村子，或是几个村子来回穿插拍摄，一天下来累得说话都没有力气。但只要听到傩舞那激越的羊皮鼓声，看到那些戴着面具手舞足蹈的各种角色，看到口角和脊背插着长长钢钎的村民，特别是"法师"们神灵附体后的无我状态……连续拍摄的劳顿顷刻间烟消云散，身心被这些先民遗留下来的神秘奇异、风由多变的仪式深深折服，浑身的血液也似乎瞬间膨胀起来。

在拍摄过程中，我始终坚持影像的最根本功能：忠实记录。每每拍摄一场仪式，总是心存敬畏，如履薄冰，唯恐漏掉什么，尽一切可能捕捉仪式过程中延续了千年的文化要素，不加修饰地完整记录，留存傩在眼下的存在状态，让影像最大限度地呈现拍摄对象的"元叙事"形态。

整理出的部分照片在上海、北京、青海、台湾、平遥等地的摄影节上展出，颇得同道和参观者肯定，这也更坚定了我的信心。这样一路走来，我比较完整地记录了多个地区傩文化的风貌，积累了大量的照片。应朋友的建议，挑选出来，结集成册，与社会分享，算是对这个主题的一个小结吧。整理、挑选照片的原则一是按不同文化形态的傩各自成章，二是具有"影像文本"价值的同时兼顾审美，以便让读者更真实地解读傩的当下存在状态和它的神秘世界。

希望这本集子的出版能让更多的人了解我们的先民代代相传至今的傩文化，更希望傩的天人合一的精神内涵在现代社会的快速发展中存于人心、存于人世。

在此谨怀一颗诚挚的心感谢成书过程中给我提供了巨大帮助和支持的诸君。

感谢那些让我能够拍摄到傩最真实过程的"会首"、"法师"、"传承人"以及提供了生活和向导帮助的乡亲们。感谢多年来不懈支持对傩进行拍摄记录的朋友们和摄影同道。

感谢出版社能够认可本人所获取的图像并给予了出版上的大力支持和指导，尤其感谢本书的总策划、责任编辑吉西平先生和出版人王光辉。

特别感谢著名学者、油画家陈丹青先生为拙作题书书名。

由于时间仓促，水平有限，这本书还有很多不尽如人意的地方，希望各位同道、影友和读者们批评指正。

2013 年 10 月